WILHELM WENGLER

Das völkerrechtliche Gewaltverbot

SCHRIFTENREIHE
DER JURISTISCHEN GESELLSCHAFT e.V.
BERLIN

Heft 28

Berlin 1967

WALTER DE GRUYTER & CO.

vormals G. J. Göschen'sche Verlagshandlung · J. Guttentag, Verlagsbuchhandlung
Georg Reimer · Karl J. Trübner · Veit & Comp.

Das völkerrechtliche Gewaltverbot

Probleme und Tendenzen

Von

Dr. Dr. Wilhelm Wengler

ord. Professor an der Freien Universität Berlin

Vortrag
gehalten vor der
Berliner Juristischen Gesellschaft
am 24. Juni 1966

Berlin 1967

WALTER DE GRUYTER & CO.

vormals G. J. Göschen'sche Verlagshandlung · J. Guttentag, Verlagsbuchhandlung
Georg Reimer · Karl J. Trübner · Veit & Comp.

Archiv-Nr. 27 27 67 2/3

Satz und Druck: **S** Saladruck, Berlin 36

In ihren Vorschlägen vom 25. 3. 1966[1] hat die Regierung der Bundesrepublik Deutschland angeboten, „mit jedem osteuropäischen Staat, der dies wünscht, Gewaltverzichtserklärungen auszutauschen". Wenn jemand daraus folgern wollte, daß ohne einen solchen Verzicht zwischen der Bundesrepublik und den anderen Staaten ein *Recht* auf Gewaltanwendung generell oder bedingt in Anspruch genommen werde und in Anspruch genommen werden könne, so würden die Völkerrechtler dem einhellig und entschieden widersprechen. Wenn die Bundesrepublik sich in Art. 3 des Vertrages über die Beziehungen mit den drei Mächten vom 23. 10. 1954 verpflichtet hat, ihre Politik im Einklang mit den Prinzipien der Satzung der Vereinten Nationen zu halten, so bedeutet dies, daß auch sie sich bereits an den in Art. 2 Abs. 4 der Charta ausgesprochenen Rechtssatz[1a] gebunden hält. Danach haben sich die Mitglieder der Vereinten Nationen „in ihren internationalen Beziehungen der Drohung mit oder der Anwendung von Gewalt gegen die territoriale Integrität oder die politische Unabhängigkeit eines Staates" — ob dieser Mitglied der Organisation ist oder nicht — zu enthalten. Also hat sich auch die Bundesrepublik nach dem Vertrag vom 23. 10. 1954 gegenüber allen Staaten so zu verhalten, als ob sie ein Mitgliedstaat der Vereinten Nationen wäre. Hinzu kommt, wenn die Bundesrepublik Fortsetzer oder Bestandteil des Deutschen Reiches ist, aber vielleicht auch, wenn sie nur einer von mehreren „Nachfolgestaaten" wäre, die Bindung an den Kelloggpakt gegenüber dessen Signataren, der auch durch die Satzung der Vereinten Nationen nicht außer Kraft gesetzt ist oder sonstwie obsolet geworden wäre. Selbst wenn einem Gewaltverzicht in besonderen Verträgen der Bundesrepublik mit anderen Staaten die Bedeutung zukommen sollte, daß der andere Staat sich nicht mehr auf Art. 107 der Charta berufen dürfte, so kann auch dieser Art. 107

---

[1] Zitiert nach Nr. 72/1966 der „Frankfurter Allgemeinen Zeitung".
[1a] Die Bundesregierung scheint sogar anzunehmen, daß die Bundesrepublik — was durchaus zweifelhaft ist — an Beschlüsse des Sicherheitsrats unter Kap. VII der Charta gebunden sei, vgl. die Bekanntmachung vom 27. 12. 1966, BdsAnz No. 244/1966.

sicher nicht so verstanden werden, daß jegliche Art der Gewaltanwendung aus jeglichem Grunde seitens eines Kriegsgegners aus
dem zweiten Weltkrieg gegenüber Deutschland durch Art. 107
rechtmäßig sei.[2] Es wäre also vielleicht angebrachter gewesen,
wenn die Bundesrepublik eine Bestätigung ihrer bereits bestehenden Bindung an das Gewaltverbot — wenn auch unter der Voraussetzung der Gegenseitigkeit — statt eines neuen Verzichtes auf
die Gewalt angeboten hätte.

Wie steht es nun aber mit Art. 2 Ziff. 4 der Charta? Bedeutet
er heute wirklich noch das umwälzend Neue, was die öffentliche
Meinung 1945, als er geschaffen wurde, z. T. glaubte in dieser Bestimmung sehen zu müssen? Oder ist Art. 2 Ziff. 4 nur eine Ver-
weisung auf Normen des ungeschriebenen allgemeinen Völker-
gewohnheitsrechts, und hat sich inzwischen dieses allgemeine
Völkerrecht gewandelt?[3] Entspricht dem normativen Satz auch
eine entsprechende Übung? Wenn ja, ist diese Übung verursacht
durch eine entsprechende Rechtsüberzeugung und das Bewußtsein
einer realen Gefahr empfindlicher Unrechtsfolgen für den Ver-
letzer? Oder hat die faktische Geltung gerade des Gewaltverbots
andere Ursachen als die meisten anderen Sätze des Völkerrechts?

Oder ist Art. 2 Ziff. 4 vielleicht von Anfang an überhaupt nur
ein Programmsatz gewesen, dessen Befolgungsanspruch von der
Verwirklichung bestimmter Bedingungen abhängig war, und der

---

[2] Es ist meines Erachtens wichtiger, die Grenzen der Befugnisse aus
Art. 107 — insbesondere durch Heranziehung des Art. 53 — zu erkennen, als
sich auf eine Diskussion darüber einzulassen, ob diese Bestimmung wegen
Verstoßes gegen den Kelloggpakt ungültig sei (vgl. neuestens Mähler, Die völkerrechtliche Bedeutung des Kriegs- und Gewaltverbots, Diss. München 1965,
S. 20 ff.). Daß der Kelloggpakt über die Folgen seiner Verletzung keine prä-
ziseren Bestimmungen enthält als den zweideutigen Satz, der Paktbrecher
solle der Begünstigungen aus dem Vertrag verlustig gehen, besagt nicht, daß
nach Niederwerfung des Angreifers gar nichts mehr gegen ihn geschehen
könne.

[3] Eine eingehende Darstellung der historischen Entwicklung des Gewaltverbots und seiner Tragweite gibt Brownlie, International law and the use of
force by states, Oxford 1963; dortselbst S. 475 ff. eine umfassende Zusammenstellung der Literatur. Die inzwischen erschienene neue Literatur ist ihrerseits so umfangreich, daß ihre Aufzählung an dieser Stelle unmöglich ist. Wer
die bibliographischen Hilfsmittel zur Erfassung der völkerrechtlichen Literatur
nicht zu benutzen weiß und verlangt, daß jeder wissenschaftlichen Äußerung
zu völkerrechtlichen Fragen eine Zusammenstellung des Schrifttums beigefügt
und Hinweise auf die an den verschiedensten Stellen abgedruckten Quellen
gebracht werden, beweist, daß er von dem Umfang des Materials, das die
Völkerrechtswissenschaft heute bewältigen muß, keine Vorstellung hat.

insbesondere präziser Ausfüllung bedurfte und heute noch bedarf? Als ein Programmsatz ist ja offenbar die dem Art. 2 Ziff. 4 unmittelbar vorangehende Bestimmung des Art. 2 Ziff. 3 zu verstehen, wonach die Mitglieder der Vereinten Nationen ihre internationalen Streitigkeiten mit „friedlichen" Mitteln so beilegen sollen, daß der „internationale Friede" nicht „gefährdet" wird. Die Verpflichtungskraft dieser Bestimmung ist eben entscheidend dadurch geschwächt, daß es zahlreiche Methoden friedlicher Streitbeilegung gibt, und daß die Verpflichtung der Streitparteien, sich auf eine dieser Methoden zu einigen, rein platonischen Charakter hat, solange keine Instanz besteht, die ihnen mangels einer solchen Einigung einen bestimmten Weg aufzwingen kann. Anders als bei Art. 2 Ziff. 3 ist es nun bei Art. 2 Ziff. 4 bisher nicht bezweifelt worden, daß es sich hier um ein unmittelbar befolgbares Verhaltensgebot handelt, dessen Befolgungsanspruch auch nicht davon abhängt, daß präzisere Detailregelungen ergehen. Auch die Resolutionen der Generalversammlung der Vereinten Nationen No. 1815 (XVII) und No. 1966 (XVIII) gehen davon aus, daß das Prinzip des Gewaltverbots befolgbares und positives Recht ist, wenn auch vor einiger Zeit besondere Ausschüsse[4] eingesetzt wurden, um die Tragweite des Prinzips näher zu studieren. Die Tatsache, daß diese Ausschüsse nicht zu einer Einigung über einen der Generalversammlung vorzulegenden Vorschlag für eine interpretierende Deklaration gekommen sind, mag in erster Linie darauf beruhen, daß sie ihre Aufgabe überhaupt nicht zum Anlaß einer systematischen Erforschung der Auslegungsfragen und der einschlägigen Begriffe genommen, sondern nur über Vorschläge bestimmter Staaten diskutiert haben, deren Zweck wiederum großenteils nur ein propagandistischer war. Aber auch bei einer anderen Arbeitsweise wäre man sicher nicht schnell zu einer Einigung gekommen.

I.

Ein gesetzestechnischer Mangel des Art. 2 Ziff. 4 ist z. B. besonders evident: Das Gewaltverbot ist im Wortlaut des Art. 2

---

[4] Diese Ausschüsse hatten sich nicht nur mit dem Gewaltverbot, sondern generell mit den „Prinzipien der freundschaftlichen Beziehungen und der Zusammenarbeit zwischen den Staaten" zu befassen. Der „1964er Ausschuß" tagte 1964 in Mexiko und legte am 2. 10. 1964 einen Bericht vor (UN-Drucks. A/5746). Das „1966er Komitee" tagte im Frühjahr 1966 in New York und legte einen Bericht vom 27. 6. 1966 (A/6230) vor.

Ziff. 4 offensichtlich zu weit gefaßt; die *ausnahmsweise* Möglichkeit *rechtmäßiger* Gewaltanwendung ist zu unterstellen, sie ist aber in Art. 2 Ziff. 4 selbst nicht geregelt. Eine erste Zweifelsfrage bezüglich der Tragweite des Gewaltverbots in Art. 2 Ziff. 4 der Charta bezieht sich daher darauf, ob die an anderer Stelle der *Charta* ausdrücklich erwähnten Ausnahmen von dem Gewaltverbot die einzigen sind, oder ob die allgemeinen Rechtsgrundsätze der zivilisierten Nationen es ermöglichen, noch weitere Ausnahmen in Art. 2 Ziff. 4 hineinzulesen.

Die Charta selbst sieht zunächst in Art. 42 die Rechtmäßigkeit der Anwendung gegebenenfalls auch von militärischer Gewalt vor, wenn sie auf *Anordnung* des Sicherheitsrates erfolgt, um den internationalen Frieden und die internationale Sicherheit wiederherzustellen, nachdem der Tatbestand eines Friedensbruchs, einer Friedensbedrohung oder eines Aggressionsaktes vorliegt und vom Sicherheitsrat förmlich festgestellt worden ist. Während eine solche Anwendung von Gewalt speziell auf Grund der Art. 42 ff. in der Geschichte der UN noch nicht aktuell werden konnte, findet sich eine zweite Ausnahme vom Verbot der Gewaltanwendung in der Charta in der Vorschrift des Art. 51. Danach wird das „natürliche Recht" der individuellen oder kollektiven rechtmäßigen *Verteidigung* gegen einen „bewaffneten Angriff" durch keine Bestimmung der Charta beeinträchtigt, und zwar jedenfalls so lange nicht, bis der Sicherheitsrat die notwendigen Maßnahmen zur Aufrechterhaltung von Frieden und Sicherheit ergriffen hat. So hat sich zunächst einmal ein Kranz von Zweifelsfragen über die Bedeutung der in Art. 51 enthaltenen Begriffe gebildet. Die Antworten auf diese Zweifelsfragen sind durch die Praxis der Vereinten Nationen eher unklarer als klarer geworden.

Von allergrößter Bedeutung ist es zunächst, wann der Zeitpunkt vorliegt, zu welchem Selbstverteidigungsmaßnahmen gegen einen bewaffneten Angriff zulässig werden. Die Frage ist deshalb wichtig, weil die meisten der Maßnahmen, wenn sie eben nicht von Art. 51 gedeckt werden, ihrerseits den Tatbestand eines „bewaffneten Angriffs" darstellen. Besonders zugespitzt äußert sich dieses Problem in der Frage, ob und wann ein *präventiver* Angriff gegen den Planer eines noch nicht oder nicht voll verwirklichten Angriffs zulässig ist. Die aktuelle Bedeutung dieser Frage ist durch die moderne Kriegstechnik noch größer geworden als sie früher war. Die Frage lautet konkret: Hätten die Vereinigten Staaten bei dem Überfall der Japaner auf Pearl Harbour, wenn sie die japanischen Angriffspläne gekannt und die Möglichkeit eines präventiven Gegenschlags gehabt hätten, abwarten müssen, bis die japanischen Flugzeuge gestartet, oder gar bis sie in die Territorialgewässer von Hawaii eingeflogen waren? Wäre es nicht sogar denkbar gewesen, daß die Flugzeuge im letzten Moment noch von Tokio zurückberufen wurden, oder ihnen der Abwurf der Bomben untersagt worden wäre? Wann sind heute die Flüge, die ein Staat über dem Meer oder über dem Gebiet befreundeter Staaten mit Kriegsflugzeugen unternimmt, die bereits Atombomben tragen, als friedliche Manöver anzusehen, wann sind sie Bereitschaftsflüge für den eventuellen „atomaren Gegenschlag" gegen den Angreifer, wann kann sie ein anderer Staat als Einleitung eines zweiten Pearl Harbour betrachten? Wie kann sich ein Staat wirklich Gewißheit über die konkreten Absichten oder Anordnungen der anderen Regierung verschaffen? Schon diese Fragen zeigen wohl, daß das Angriffsverbot praktisch wertlos würde, wenn man dem Gereizten und Ängstlichen den präventiven Gegenschlag wegen einer von ihm vermuteten, aber noch nicht auf seinem Gebiet verwirklichten Angriffsabsicht erlauben würde.[5] Daß aber der Art. 51 der Charta nicht unbedingt ganz wörtlich zu nehmen ist, zeigt sich, wenn man an den Fall denkt, daß ein Staat ausdrücklich einen anderen mit einem bewaffneten Angriff bedroht, wenn bestimmte Verlangen nicht erfüllt werden. Eine solche offene Bedrohung mit einem noch nicht verwirklichten bewaffneten Angriff ist zwar nach Art. 39 verboten, aber würde bei wörtlicher Auslegung des Art. 51 noch keinen Anlaß zu präventiven militärischen Gegenmaßnahmen darstellen, die sich auf das Gebiet des zukünftigen Angreifers beziehen. Hier ist die Meinung, daß der Bedrohte mit

---

[5] Nach Falk, World law and human conflict, in: The nature of human conflict, hrsg von McNeil, 1965, S. 246, spricht gegen den atomaren Präventivangriff, daß der angegriffenen Atommacht eine „unverwundbare" Fähigkeit zum Gegenschlag verbleibe, und daß daher der erste Angriff stets „Selbstmord" sei. Wie aber, wenn diese militärtechnische Voraussetzung nicht zutrifft?

einem solchen militärischen Gegenschlag nicht zu warten brauche, sicher eher verständlich.[6]

Manchmal glaubt man, dem Problem der Zulässigkeit der präventiven Abwehr sei durch die Unterscheidung zwischen der Vorbereitung eines Angriffs mit Angriffswaffen und der Vorbereitung der Verteidigung mit Verteidigungswaffen beizukommen. Die vorbereitende Bereitstellung von Angriffswaffen würde nach dieser Ansicht zumindest eine objektive „Bedrohung" mit einem Angriff sein und Maßnahmen des Sicherheitsrates rechtfertigen. Die Unterscheidung zwischen Angriffs- und Verteidigungswaffen ist aber praktisch undurchführbar. Die meisten Waffen können zum Angriff, aber auch zur Verteidigung gegen einen Angriff, nämlich zur Durchführung eines Gegenangriffs, verwendet werden; und Waffen, die nur der Abwehr eines militärischen Angriffs dienlich sein können, können ja in der Hand eines Angreifers indirekt der Förderung seines Angriffskrieges dienen. Die Feststellung, gewisse Waffen hätten von sich aus, unabhängig von den Absichten des Besitzers, und unabhängig von seiner Rolle als Angreifer oder Verteidiger in einem ausgebrochenen Krieg, den Charakter von Angriffswaffen, könnte einen Sinn erhalten, wenn es einen positiven Rechtssatz gäbe, der schon den Besitz solcher Angriffswaffen als solchen verbieten würde; das ist aber nicht der Fall. Umgekehrt ist zur Zeit nicht daran zu denken, daß den Staaten überhaupt nur der Besitz von reinen Verteidigungseinrichtungen, also z. B. nur von bombensicheren Unterkünften oder nur von Raketenabwehrraketen, erlaubt sei. Trotzdem ist die Auffassung vertreten worden, daß gewisse Formen der Verstärkung der Möglichkeiten eines Staates zu einem Angriff auf andere gewisse („proportionale") Gegenmaßnahmen dieses Staates rechtfertigen, die zwar selbst noch nicht den Tatbestand des bewaffneten Angriffs erfüllen,[7] aber doch

---

[6] Nicht nur die Kuba-Resolution des amerikanischen Kongresses vom 3. 12. 1962, sondern auch Ziff. 5 der Resolution des Beratungsorgans der amerikanischen Staaten vom 26. 7. 1964 sehen gegebenenfalls Anwendung von Waffengewalt vor, um zu verhindern, daß das kommunistische Regime in Kuba durch *Drohung* mit Gewalt seine subversive Tätigkeit auf andere Teile des amerikanischen Kontinents ausdehnt.

[7] Die militärischen Aktionen Israels gegen Ägypten in der Suezaffaire 1956 waren voller militärischer Angriff und konnten nicht damit gerechtfertigt werden, daß von ägyptischem Staatsgebiet aus Überfälle auf israelisches Gebiet vorbereitet worden waren, die aber selbst keinen fortdauernden bewaffneten Angriff darstellten.

jedenfalls Vorbereitung und Androhung von Gewaltanwendung im weiteren Sinne darstellen; anders konnte jedenfalls die amerikanische Seesperre von Kuba kaum begründet werden.

Wenn man es für möglich hält, daß nicht jede von Art. 2 Ziff. 4 erfaßte Form der „Gewaltanwendung" zugleich einen „bewaffneten Angriff" darstellt, so ist es für diejenigen, die ihre militärische Macht einsetzen wollen, von erheblichem Interesse zu wissen, bei welchen Formen eigener Gewaltanwendung sie sich auf den Standpunkt stellen können, daß hier kein bewaffneter Angriff vorliege, und daß der davon Betroffene — und vor allem Dritte — jedenfalls nicht solche Selbstverteidigungsmaßnahmen ergreifen dürfen, die ihrerseits der Art nach bewaffneter Angriff sind. Diese Frage ist auch dann nicht ohne Bedeutung, wenn man annehmen müßte, daß eine Gewaltanwendung gegen andere Staaten, die nicht als bewaffneter Angriff anzusehen ist, doch unter den weiteren Begriff der „Aggression" fallen würde und deshalb Sanktionen des Sicherheitsrates nach Art. 39 auslösen könnte; gerade eine Großmacht kann ja diese Sanktionen durch ihr Veto verhindern. Welche Gewaltanwendung ist denkbar, die zwar Gewaltanwendung, aber nicht militärischer Angriff im Sinne des Art. 51 ist? Hierzu gehört nach ziemlich übereinstimmender Auffassung zunächst einmal eine Gewaltanwendung, die die Gebietshoheit und den hoheitlichen Apparat anderer Staaten nicht beeinträchtigt: Ein Staat, der fremde Zivilpersonen aus seinem Gebiet vertreibt, oder der sich mit Gewalt ihres Vermögens bemächtigt, begeht keinen bewaffneten Angriff, auch wenn solche Behandlung der Ausländer evident völkerrechtswidrig ist. Ob derartiges auch unter Art. 2 Ziff. 4 als Gewaltanwendung in einem weiteren Sinne verboten ist und Gegengewalt in demselben weiteren Sinne rechtfertigt,[8] das mag zunächst dahingestellt bleiben; es rechtfertigt jedenfalls unter Art. 51 keine solche bewaffnete Reaktion des Heimatstaates, die ihrerseits nur als Selbstverteidigungsmaßnahme dieses Staates gegen einen „bewaffneten Angriff" begründet wäre.

Wie aber ist es zu beurteilen, wenn ein Staat zwar Gewalt auf seinem eigenen Gebiet anwendet, aber diese Gewaltanwendung

---

[8] Ob eine bewaffnete Intervention zum Schutze der Staatsangehörigen auch noch anders begründet werden könnte, darauf werden wir unten S. 25 zurückkommen.

in Kampfhandlungen gegen fremde Truppen besteht, die sich
schon im Staatsgebiet des ersten Staates befinden? Sind sie rechtmäßig und ohne Kampf auf fremdes Staatsgebiet gelangt, so ist
es nicht zu bezweifeln, daß ein bewaffneter Angriff auf sie vorliegt, wenn versucht wird, sie durch Kampfmaßnahmen aus dem
Lande zu vertreiben. Aber nicht selten ist die Rechtmäßigkeit der
Anwesenheit von Truppen auf dem Gebiet eines anderen Staates
bestritten, und fast noch häufiger ist die Zugehörigkeit eines
Gebietes, in dem sich Truppen eines Staates befinden, zu diesem
bzw. einem anderen Staat bestritten. Soll dann die Frage, ob der
Versuch der Vertreibung der Truppen einen bewaffneten Angriff
darstellt, nur davon abhängen, ob die Anwesenheit der Truppen
auf dem Gebiet ihrerseits rechtmäßig ist? Ich habe schon in
meinem „Völkerrecht"[9] dargelegt, daß bei einem längere Zeit
ungestörten Besitzstand auch die objektive Rechtswidrigkeit der
Anwesenheit fremder Truppen (eventuell auch anderer Staatsorgane) dem rechtmäßigen Inhaber der Gebietshoheit nicht das
Recht verschafft, jene Truppen usw. durch einen bewaffneten
Angriff zu vertreiben. Die Praxis der Vereinten Nationen[10] läßt
erkennen, daß auch eine „Verletzung" von Waffenstillstands-
oder Demarkationslinien, bei denen die völkerrechtliche Zugehörigkeit des Gebietes zu dem einen oder anderen Staat offen-
bleibt (vgl. z. B. Palästina und Kaschmir), sicher nicht damit zu
rechtfertigen ist, daß ein Staat sich auf den Standpunkt stellt, das
jenseits der Demarkationslinie liegende und von fremden Truppen besetzte Gebiet gehöre eigentlich zu seinem Staatsgebiet.[11]
    Die Dinge liegen anders, wenn schon anläßlich der Ankunft
von Truppen in einem fremden Gebiet ihnen militärische Abwehr
entgegengesetzt wurde, und diese Kämpfe niemals, insbesondere

----

[9] Vgl. S. 530 f.
[10] Einen guten Überblick über die Praxis der Organe der Vereinten Nationen zum Gewaltverbot bis etwa 1963 gibt Higgins, The Development of
international law through the political organs of the United Nations, 1963,
S. 167 ff. Vgl. auch Higgins, Brit. Yb. Int. L. 1961, 269 ff.
[11] Die Vorschläge einiger (westlicher) Staaten in dem 1966er Ausschuß der
UN (vgl. oben Anm. 4) definieren als verbotene Gewaltanwendung ausdrücklich die Verletzung der „bestehenden Staatsgrenzen" oder „anderer internationaler Demarkationslinien" (vgl. z. B. A./A.C. 125. L. 22). Trotz des jahr-
hundertelangen Besitzes von Goa durch Portugal hat allerdings Indien seine
militärischen Operationen damit rechtfertigen wollen, daß der portugiesische
Besitz selbst seinerzeit rechtswidrig zustande gekommen sei.

nicht durch einen förmlichen Waffenstillstand, beendet wurden. Dann kann der Versuch, den militärischen status quo zu ändern, nicht jedesmal von neuem als Angriff des einen oder anderen Teils im Sinne des Art. 51 der UN-Charta gelten. Dies gilt auch dann, wenn die Abwehrkämpfe gegen fremde Truppen durch eine von dem Besetzer nicht anerkannte Regierung oder eine von ihm nicht anerkannte Widerstandsbewegung geführt werden. Die praktische Bedeutung dieses Problems kann nicht nur an dem Beispiel der Anwesenheit amerikanischer Truppen in Vietnam[11a], sondern auch an dem Beispiel der ägyptischen Truppen im Jemen angedeutet werden. Setzt der Angriffsbegriff des Art. 51 die Störung eines Besitzstandes voraus, der seinerseits zwar durch Gewaltanwendung zustande gekommen sein mag, der aber inzwischen zu einem „ungestörten Besitzstand" des ersten Gewaltanwenders erstarkt ist, so dürfte im Völkerrecht auch kein Platz sein für eine andere Konstruktion, nämlich die Behauptung, die rechtswidrige Anwesenheit von Truppen auf dem Gebiet eines anderen Staates — z. B. die Weigerung, sich nach Ablauf einer vereinbarten Besatzungszeit aus dem Gebiet zu entfernen — stelle einen „constructive armed attack" dar, so wie es im englischen Familienrecht als „constructive desertion" bezeichnet wird, wenn ein Ehegatte selbst in der ehelichen Wohnung verbleibt, aber den anderen durch ehewidriges Verhalten hinausekelt.

Mindestens ebenso wichtig wie die Frage, wann der Versuch der Vertreibung der bislang ungestört auf fremdem Staatsgebiet anwesenden Truppen einen bewaffneten Angriff darstellt, ist die Frage, ob die bloße Behinderung der Bewegung von Truppen, die ein Recht zur freien Bewegung außerhalb des Heimatgebietes haben, oder die es zu haben behaupten, und die sich bisher frei

---

[11a] Von jedem der beiden — von Nordvietnam bzw. den Vereinigten Staaten — vertretenen Standpunkte (vgl. unten S. 45) ist auch gegen die „Ausweitung" des Kampfgebiets nichts einzuwenden, wenn nur die Kriegführung als Ganzes für die betreffende Partei gerechtfertigt ist. Dann war der nordvietnamesische Angriff auf amerikanische Kriegsschiffe im Golf von Tonkin vom Standpunkt Nordvietnams aus ebenso gerechtfertigt wie umgekehrt die Luftangriffe auf Nordvietnam vom Standpunkt der Vereinigten Staaten. Für eine spezielle Verurteilung von „Vergeltungsaktionen" (vgl. unten Anm. 20) ist jedenfalls bei einem bereits ausgebrochenen und nicht beendeten Kriegszustand kein Platz.

bewegt haben, ihrerseits einen bewaffneten Angriff darstellt, oder ob umgekehrt erst der eventuelle Versuch der an der Bewegung behinderten Truppen, sich den Weg freizumachen, den Tatbestand des bewaffneten Angriffs erfüllt. Die Dinge nehmen hier deshalb einen eigenartigen Aspekt an, weil eine Behinderung des Verkehrs in der Luft oder auf dem Wasser meist den Einsatz von Kombattanten, Kriegsschiffen, Militärflugzeugen usw. notwendig macht, während man auf dem Lande z. B. die weitere Benutzung eines bisher benutzten Verkehrsweges auch durch „zivile" Hindernisse, Straßensperrungen usw., unmöglich machen kann. Soll nun bloß das erste Angriff sein[12] und das andere nicht?[13] Und besteht der bewaffnete Angriff bereits darin, daß z. B. Kriegsschiffe postiert werden mit der erklärten Absicht, andere an der freien Fahrt zu hindern, oder liegt der „Angriffs"-akt erst dann vor, wenn die blockierenden Kriegsschiffe zu schießen beginnen?[14] Die Praxis der Vereinten Nationen hat hierzu keine ganz eindeutige Antwort entwickelt. Schon Jahre vor der Seesperre im Kuba-Fall hat der Internationale Gerichtshof im Korfustraßen-Fall[15] den zum Verkehr auf der internationalen Wasserstraße berechtigten englischen Kriegsschiffen das Recht zugestanden, gegebenenfalls auf militärische Behinderungen mit militärischen Gegenmaßnahmen zu reagieren; andererseits ist die Anlegung und Unterhaltung der Minensperre selbst zwar als Völkerrechtsdelikt, aber nicht als bewaffneter Angriff bezeichnet worden.

Die Frage, ob und wann Verkehrsbehinderungen einen bewaffneten Angriff darstellen, gegen welchen Selbstverteidigungsmaß-

---

[12] Die Beschießung von Kriegsschiffen durch fremde Kriegsschiffe auf See wird, wenn es sich nicht bloß um einen „Zwischenfall" handelt (vgl. unten S. 14), im allgemeinen als bewaffneter Angriff angesehen.

[13] Die Dinge werden noch komplizierter, wenn der örtliche Staat behauptet, die fremden Truppen, die ein Recht zur freien Bewegung haben oder in Anspruch genommen haben, bereiteten ihrerseits einen Angriff oder sonstige Gewaltakte vor (so die Ansicht der tunesischen Regierung gegenüber Frankreich 1958), und die Behinderung der Truppenbewegungen sei eine präventive Selbstverteidigungsmaßnahme.

[14] Die Sowjetregierung hat schon vor dem Kuba-Fall die Ansicht vertreten, daß eine Behinderung des Verkehrs auf dem Meer durch Einrichtungen von Sperrgebieten eine „Aggression" darstelle, auch wenn es sich nicht um einen bewaffneten Angriff im Sinne des Art. 51 handle, vgl. die Note vom 4. 11. 1956 an Großbritannien, State Papers Bd. 162, S. 663.

[15] Recueil C. I. J. 1949, 4 ff.

nahmen im Sinne des Art. 51 der Charta zulässig sind — Selbst-verteidigungsmaßnahmen, die ihrer Art nach bewaffneter Angriff wären, wenn sie nicht durch Art. 51 gedeckt wären —, diese Frage würde noch bedeutsamer, wenn auch Behinderungen eines nach Völkerrecht nicht zu behindernden und bislang nicht behinderten *zivilen* Verkehrs einen bewaffneten Angriff darstellen würden, falls sie durch militärische Kräfte unter Entfaltung von Gewalt erfolgen. Auch diese Frage ist bereits akut geworden. Bei der Sperre des Suezkanals für den Schiffsverkehr mit Israel hat man Ägypten zwar nicht förmlich den Vorwurf eines „bewaffneten Angriffs" gemacht, wohl aber den Vorwurf einer mit dem fort-geltenden Waffenstillstandsabkommen unvereinbaren Kriegs-handlung.[16] Auch wenn sich andererseits die amerikanische See-sperre von Kuba speziell gegen den Transport bestimmter Kriegs-waffen durch Handelsschiffe richtete, ist es doch interessant, die Blockaden, wie die von Kuba und Berlin, einmal unter dem Aspekt zu prüfen, wann die Behinderung ziviler Verkehrsmittel in der Rechtsüberzeugung der Gegenwart als ein „bewaffneter Angriff" zu gelten hätte. Offenbar besteht gerade bei den großen Mächten des Westens kein Interesse daran, derartige Behinde-rungen, selbst wenn sie unter Einsatz von Militär erfolgen, unter den Begriff des bewaffneten Angriffs zu bringen. Man scheint eher dahin zu tendieren, sowohl die Behinderung selbst, als auch Gegenmaßnahmen zwar als Gewaltanwendung zu betrachten, aber als Gewaltanwendung innerhalb einer Randzone, die sich um den Inhalt des Begriffes des bewaffneten Angriffs herum-legt.[17]

---

[16] Vgl. die Resolution des Sicherheitsrats vom 1. 9. 1951, S/2322.

[17] Damit erübrigt es sich, auf eine kuriose Rechtfertigung der Kuba-Blockade einzugehen, die eigenartigerweise von einem deutschen Autor vor-getragen wird. Mahnke, Das Problem der Einheit der Völkerrechtsgemein-schaft und die Organisation der internationalen Sicherung, 1965, S. 234 ff., will nämlich in dieser Blockade das Mittel sehen, mit dem die Vereinigten Staaten den nuklearen status quo wiederhergestellt hätten. Die Rechtmäßig-keit dieses Zweckes und dieses Mittels beruhe auf einem Sonderrecht der Welt-mächte, welches dem allgemeinen Völkerrecht über das Gewaltverbot vor-gehe. Neben dieser These vom Sonderrecht der Weltmächte in bezug auf die Gewaltanwendung wirkt der Nachweis der Ungültigkeit des Art. 107 der Charta durch denselben Verfasser (a. a. O., S. 209) besonders wenig über-zeugend.

Ist also schon das Verhältnis des weiteren Begriffes der Gewaltanwendung zu dem engeren Begriff des bewaffneten Angriffs eine schwierige Sache, so ist es andererseits auch keineswegs ganz klar, welche Maßnahmen der Gewaltanwendung in ihrer Eigenschaft als Selbstverteidigungsmaßnahmen zulässig sind, wenn einwandfrei ein bewaffneter Angriff vorliegt. Besteht der bewaffnete Angriff in einer Bewegung von Streitkräften oder Kampfmitteln nach fremdem Gebiet oder auf diesem Gebiet,[18] so ist jede Maßnahme, um diese Bewegung unmittelbar zu behindern, zweifellos eine zulässige Selbstverteidigungsmaßnahme. Ob militärische Maßnahmen zu diesem Zweck sich im Rahmen des klassischen Kriegführungsrechts halten müssen, oder ob dieses gegenüber dem Angreifer ganz oder teilweise suspendiert ist, das ist ein Problem, das hier beiseite gelassen werden soll. Zur Selbstverteidigung ist aber zweifellos auch der militärische Gegenangriff erlaubt, und zwar auch der (ablenkende) Gegenangriff an einer ganz anderen Stelle als der, wo der Angreifer operiert. Besonders wichtig ist aber die Frage, wann das Recht zu solchen Selbstverteidigungsmaßnahmen endet. Übereinstimmung besteht darüber, daß es noch nicht endet, wenn der Angreifer selbst nicht weitergeht oder weitergehen kann, solange er den status quo des militärischen Besitzstandes nicht wieder herstellt, also in seine Ausgangsposition zurückkehrt. Ist indes das letztere der Fall, so dürfte eine Weiterführung der Kämpfe seitens des Angegriffenen nicht mehr „Selbstverteidigung" im engsten Sinne sein.[19] Die Weiterführung militärischer Maßnahmen gegen den Urheber eines bewaffneten Angriffs könnte zulässig werden, wenn sie auf Anordnung des Sicherheitsrates geschähe, als „Maßnahme zur Wiederherstellung von Frieden und Sicherheit"; ohne diese Legitimation durch den Sicherheitsrat dient sie aber nicht mehr dem Besitzschutz, und die bisher ergangenen Beschlüsse des Sicherheitsrates anläßlich internationaler Kämpfe weisen daher meist *beide* Parteien ausdrücklich an, die Kampfmaßnahmen sofort einzustellen. Keine erlaubte Selbstverteidigung sind daher nach dem Rückzug des Angreifers erfolgende „Vergeltungsaktionen"

---

[18] Über die Frage, was als „fremdes" Gebiet zu verstehen ist, vgl. jedoch oben S. 8.

[19] Vgl. dazu Tucker, The just war, 1960, S. 97 ff.

gegen sein Gebiet.[20] Sie sind meines Erachtens auch dann unzulässig, wenn sie von der Wiederholung eines Angriffs ab-
schrecken oder die Wiederholung eines Angriffs unmöglich
machen wollen; das letztere ergibt sich auch aus dem, was früher
über den präventiven Angriff gesagt wurde.

Wenn es Fälle der Anwendung von militärischer Gewalt gibt,
die selbst keinen (noch keinen) bewaffneten Angriff darstellen,
so sind hiergegen sicher dann, wenn die Gewaltanwendung
rechtswidrig war, gewisse Gegen-(Abwehr-)maßnahmen zulässig.
Das gilt z. B., wenn einzelne bewaffnete Operationen gegen das
Gebiet eines Staates nicht von den offiziellen Streitkräften eines
anderen Staates, sondern von „Privaten" vorgenommen werden.
Führen allerdings „Freiwilligenorganisationen" größere militärische Operationen durch, so ist darin wohl doch ein Angriff
seitens ihres Heimatstaates zu sehen, wenn sie zu ihm in einem
Verhältnis stehen, das sie als „Widerstandsbewegung" im Sinne
der Genfer Konvention erscheinen lassen würde, falls sie Verteidigung betreiben würden.[21] Im übrigen dürfte es sowohl beim

---

[20] Obwohl die Resolution Nr. 188 (1964) des Sicherheitsrates konkret nur
Vergeltungsaktionen Großbritanniens gegen den Jemen mißbilligt, werden
derartige Vergeltungsaktionen als „reprisals" ausdrücklich generell verurteilt.
Während es in einigen anderen Fällen zu einer Verurteilung gleichartiger
Maßnahmen seitens anderer Mitglieder der Vereinten Nationen nicht gekommen ist, hat der Sicherheitsrat in der Resolution No. 228 (1966) „Vergel-
tungs"maßnahmen Israels durch militärische Aktionen „großen Stils" als
unzulässig erklärt.

[21] Erfolgt ein militärischer Angriff auf einen Staat durch solche militärischen Kräfte aus einem anderen Staat, die von einer von zwei rivalisierenden
Regierungen in diesem Staat kontrolliert werden, so ist selbstverständlich der
angegriffene Staat zur Verteidigung gemäß Art. 51 der Charta berechtigt,
auch wenn er gerade diese Regierung des anderen Staates nicht anerkennt. Als
Angreifer dürfte aber dann nur der von der betreffenden Regierung beherrschte Teil des anderen Staates gelten, und nicht derjenige Staatsteil, dessen
Regierung sich korrekt verhält. Ungeklärt ist es jedoch, ob dieser Staatsteil
insofern für die von ihm selbst befehdete Aggressorregierung mit haftet, als
er dem angegriffenen Staat Schadensersatz zu leisten, oder ihn sogar zu unterstützen hat, indem er z. B. den Truppen des angegriffenen Staates die Vor-
nahme von Gegenoperationen auf seinem Gebiet gestattet. Oft wird sich
dieses Bündnis allerdings von selbst ergeben. Das selbständige Auftreten eines
Staatsteils als Aggressor fördert dann allerdings die später noch (vgl. unten
S. 32 ff.) zu erörternde Vorstellung, daß Kämpfe zwischen staatsähnlichen
Teilen eines Staates unter sich vom allgemeinen völkerrechtlichen Gewaltverbot erfaßt werden.

Einsatz staatlicher Streitkräfte als auch bei Kampfmaßnahmen Privater, die sich auf dem Staatsgebiet eines anderen Staates auswirken, eine Frage der *Quantität* sein, wann ein „bewaffneter Angriff", und wann sonstige aggressive Gewaltanwendung vorliegt: Schießereien an der Grenze und kleine Grenzverletzungen sind noch kein bewaffneter Angriff, ob sie nun von der staatlichen Armee oder von privaten Organisationen veranlaßt sind.[22] Gewaltsame Gegenmaßnahmen gegen verbotene Gewalt, die selbst noch nicht bewaffneter Angriff ist, dürfen nicht in reiner Vergeltung bestehen, und dürfen nicht ihrerseits den Charakter eines bewaffneten Angriffs annehmen, wobei die Grenzen sicher nicht leicht zu ziehen sind.[23] Wenn die Behinderung der bislang freien Bewegung fremder Truppen durch zivile Straßensperren nicht selbst ein bewaffneter Angriff ist, ist es zulässige gewaltsame Verteidigung, oder ist es bereits selbst wieder bewaffneter Angriff, wenn die in der Bewegung behinderten Truppen die Hindernisse — die ja auch in Gestalt von Menschen bestehen können — „wegzuräumen" versuchen? Ist es kein bewaffneter Angriff, wohl aber möglicherweise sonstige verbotene Gewaltanwendung, wenn ein Staat die auf seinem Gebiet befindlichen zivilen Angehörigen eines anderen Staates ohne Grund in Konzentrationslager sperrt, so könnte es erlaubte Selbstverteidigung gegen diese Art der Gewaltanwendung, aber nicht militärischer Angriff sein, wenn der Heimatstaat der Ausländer mit seinen zufällig auf jenem Gebiet stationierten Truppen diese Gewaltanwendung gegen seine zivilen Bürger zu verhindern versucht. Schickt er aber zu diesem Zweck erst Truppen in das Gebiet des anderen Staates, die sich gegenüber militärischem Widerstand den Zutritt mit Gewalt verschaffen oder jedenfalls bereit sind, zu diesem Zweck Gewalt anzuwenden, so liegt nicht nur eine Verletzung der territorialen Integrität des anderen

---

[22] Die Resolution Nr. 189 (1964) des Sicherheitsrates spricht von bestimmten Grenzverletzungen als von „Zwischenfällen".

[23] Auch diese Gegenmaßnahmen müssen nach Art und Umfang im wesentlichen der Abwehr dienen. Über den Mißbrauch des Selbstverteidigungsrechts gegenüber Gewaltakten, die nicht ihrerseits bewaffneten Angriff darstellen, vgl. Higgins, a. a. O., S. 179 f.

Staates vor,[24] sondern derartiges kann vielleicht schon wieder den Tatbestand des bewaffneten Angriffs erfüllen.

Damit sind wir nun an einem anderen und besonders delikaten Punkt der Tragweite des Gewaltverbots unter der Charta angekommen: Es gibt zahllose Möglichkeiten, wie ein Staat unter Mißachtung des Völkerrechts die Interessen eines anderen Staates verletzen kann, ohne daß die Völkerrechtsverletzungen den Charakter eines bewaffneten Angriffs oder auch nur den Charakter „sonstiger" verbotener Gewaltanwendung annehmen. Was darf dagegen unternommen werden? Das moderne völkerrechtliche Gewaltverbot verbietet nun offenbar grundsätzlich die Anwendung militärischer Gewalt gegen andere, ohne die Möglichkeit solcher Gewaltanwendung allein dadurch zu rechtfertigen, daß der andere völkerrechtliches Unrecht begangen habe, und daß die Gewaltanwendung die Herstellung des rechtmäßigen Zustandes bezwecke. Während das mittelalterliche Verbot des „ungerechten Krieges" gerade auf diesen Zweck der Kriegführung abstellte, ist heute Gewaltanwendung in Gestalt voller Kriegführung zweifelsfrei nur dann zugelassen, um einen entgegen dem Gewaltverbot von anderer Seite begangenen bewaffneten Angriff abzuwehren, oder um militärische Aktionen auf Anordnung des Sicherheitsrates vorzunehmen, wenn einer der Tatbestände des Art. 39 der Charta vorliegt. Im übrigen erfaßt das Gewaltverbot im Prinzip *zunächst einmal auch* die Gewaltanwendung zur Durchsetzung von völkerrechtlichen Ansprüchen, und erst recht zur Durchsetzung von politischen Ansprüchen, die zwar noch keine Ansprüche aus dem positiven Recht sind, aber durch allgemein anerkannte normative Prinzipien gedeckt werden. Dabei spielt es keine Rolle, ob militärische Gewalt in einem Umfang ausgeübt wird, wie dies bei

---

[24] Einige Autoren meinen, die „territoriale Integrität" werde nur durch eine Annexion — besser: eine faktische Besetzung mit Annexionsbehauptung — verletzt; andere argumentieren, eine Verletzung der territorialen Integrität liege nicht vor, wenn ein Recht zu Operationen auf fremdem Staatsgebiet gegeben sei (vgl. dazu Franzke, Z. Öff. R. NF 16 [1966] 148 ff.). Das erstere ist ein Spiel mit Worten; wenn die territoriale Integrität erst verletzt wäre, wenn der Besetzer zu annektieren behauptet, so wäre das Gewaltverbot praktisch gegenstandslos geworden. Das zweite ist eine petitio principii; es geht ja gerade darum, ob ein normalerweise rechtlich verbotener „Eingriff" aus einem besonderen Grunde zulässig ist, oder ob dieser besondere Grund nicht zieht.

einem vollen Kriegszustand zwischen zwei Staaten geschehen
würde. Die Gewaltanwendung zur Durchsetzung eines Rechts-
anspruches ist auch dann nicht legal, wenn derjenige, der militärische Mittel einsetzt, etwa nur einen Teil des fremden Staates
besetzen, den Kampf nur mit beschränkten militärischen Mitteln
führen und sein Vorgehen nicht als vollen Krieg verstanden
wissen will. Dann aber ist erst recht die bloße subjektive Überzeugung einer Staatsregierung, daß ein völkerrechtlicher Anspruch auf ein Tun oder Unterlassen eines anderen Staates be-
stehe, sicher keine Rechtfertigung der Anwendung von Gewalt,
wenn die Regierung des anderen Staates ihrerseits von der Rechtmäßigkeit ihres Standpunktes überzeugt ist. Dafür ist leider auch
bei deutschen Juristen oft wenig Verständnis vorhanden; es zeugt
von einer seltsamen Verständnislosigkeit gegenüber dem Gewaltverbot, wenn man z. B. zu der Drohung Israels, Flußwasser-
ableitungen auf dem Gebiet arabischer Staaten gegebenenfalls
mit Krieg zu verhindern, in einem juristischen Vortrag nichts
anderes zu sagen weiß, als daß man auf die derzeitige militärische Überlegenheit Israels hinweist. Ein Recht zur gewaltsamen
Abstellung von Völkerrechtsverletzungen im Herrschaftsgebiet
eines anderen Staates kann sicher dann nicht in Anspruch genommen werden, wenn der andere Staat halbwegs plausibel be-
streitet, daß seine Maßnahmen völkerrechtswidrig sind, und
wenn noch keine verbindliche Entscheidung eines internationalen
Organs vorliegt; es ist evident, daß, wenn man die klassische
Selbstjustiz des Völkerrechts auf diese Weise durch die Hintertür
wieder einlassen würde, das ganze Gewaltverbot praktisch
gegenstandslos wäre. Aber auch in der Fassung, daß einseitige
Gewaltanwendung zur Durchsetzung von behaupteten völkerrechtlichen Ansprüchen zulässig wäre, wenn der angebliche
Völkerrechtsverletzer sich nicht auf das von dem angeblich Verletzten vorgeschlagene Verfahren zur Feststellung der Sach- und
Rechtslage einläßt, bietet weder die Charta noch ihre praktische
Handhabung eine Grundlage. Gerade dann aber, wenn, wie so
oft, beide Parteien einer objektiven Klärung der Sach- und
Rechtslage ausweichen, ist für eine Gewaltanwendung zur Durch-
setzung der Ansprüche am allerwenigsten Grund vorhanden.
Eine Reihe von Verträgen und Vertragsentwürfen zur Definition
der Aggression erklärt daher ausdrücklich die militärische Ge-

waltanwendung auch dann als unzulässig, wenn sie zur Verhinderung oder Beendigung eines völkerrechtswidrigen Ver-
haltens erfolgen soll, das seinerseits nicht in verbotener Gewaltanwendung besteht. Daß diese Klauseln nicht aus dem Kreis der
westlichen Staatenwelt herrühren,[25] ist kein Grund, um den darin
ausgedrückten Rechtsgedanken als falsch zu erklären.

Ist auch die Behinderung völkerrechtlichen *Unrechts,* wenn
dieses nicht selbst gerade in völkerrechtlich verbotener Gewaltanwendung besteht, durch Maßnahmen der Gewaltanwendung
im Prinzip zunächst einmal unzulässig, so bedeutet dies andererseits nicht, daß jegliche Maßnahmen seitens des Verletzers gegenüber dem Völkerrechtsbrecher verboten seien, mit denen der
Rechtsbrecher zur Einhaltung des Völkerrechts *gezwungen*
werden soll. Das Gewaltverbot ist kein Verbot jeglichen Zwanges
oder Druckes, und insbesondere nicht ein Verbot der Druckaus-
übung zur Durchsetzung von berechtigten völkerrechtlichen
Ansprüchen.[26] Angefangen mit Maßnahmen, die ohnehin erlaubt
sind, wie z. B. der Verweigerung eines erbetenen Kredits, über
ungewöhnliche Akte, die aber keinen Rechtsgütereingriff darstellen, wie z. B. den Abbruch der diplomatischen Beziehungen,
bis zu den eigentlichen Repressalien[27] in Gestalt der Nichterfüllung irgendwelcher eigener Rechtsverpflichtungen (aber natür-
lich mit Ausnahme der Verpflichtung zur Unterlassung von

---

[25] Vgl. insbesondere die Verträge Sowjetrußlands vom Juli 1933 bei
Brownlie, a. a. O., S. 360.

[26] Vgl. dazu mein Völkerrecht, S. 847, sowie Äußerungen auf der Mexiko-
Konferenz (vgl. Anm. 4), über welche McWhinney, 60 Am. J. Int. L. (1966)
10, berichtet.

[27] Der Ausdruck Repressalie wird in der Völkerrechtswissenschaft meist in
einem umfassenden Sinne verwendet, um damit jede bewußte Nichterfüllung
*irgend*welcher völkerrechtlicher Verpflichtungen zu bezeichnen, die in der
Absicht erfolgt, angesichts eines schon verwirklichten völkerrechtlichen Unrechts der Gegenseite die Wiederherstellung des status quo, oder die Leistung
von Schadensersatz, oder die Unterlassung bevorstehender weiterer gleichartiger Völkerrechtsverletzungen zu erzwingen. Besonders im Sprachgebrauch
der UN-Organe wird jedenfalls dem englischen Wort reprisal eine engere
Bedeutung beigelegt. Man will damit *militärische* Aktionen bezeichnen, die
nicht der Abwehr eines noch im Gange befindlichen feindlichen Angriffs
dienen, sondern *nach* Beendigung eines solchen Angriffs als „Vergeltung"
(wenn auch mit der Absicht der Abschreckung vor Wiederholungen) erfolgen,
oder militärische Operationen, denen überhaupt keine Verletzung des Gewaltverbots, sondern sonstiges völkerrechtliches Unrecht vorausgegangen ist.

Gewaltanwendung), steht dem verletzten Staat jedenfalls theoretisch eine reiche Auswahl von friedlichen und daher legalen Zwangsakten gegen völkerrechtliches Unrecht anderer zur Verfügung.

Allerdings ist nun die Meinung zu finden, daß auch solcher Zwang *ohne* Anwendung militärischer *Gewalt* durch die Grundsätze des modernen Völkerrechts, insbesondere das Gewaltverbot selbst, beschränkt sei. So ist behauptet worden, das moderne Völkerrecht verbiete nicht nur die Ausübung von Zwang unter Anwendung militärischer Gewalt, sondern stehe auch jeglicher Zwangsanwendung, selbst zur Durchsetzung rechtlich begründeter Ansprüche, mit anderen Zwangsmitteln entgegen, wenn der sonstige Zwang seiner *Intensität* nach einem Zwang mit kriegerischer Gewalt gleichkomme. Diese Vorstellung ist wiederholt von sowjetischer Seite vorgetragen worden, ist aber auch den Gedankengängen lateinamerikanischer Politiker und Juristen nicht fremd. Für sie wird das Gewaltverbot zum Verbot jeglichen „massiven" Druckes eines Staates gegenüber anderen Staaten.[28] Diese Ansicht erfährt eine gewisse Unterstützung durch die Worte des Art. 2 Abs. 4 der Charta, wonach Gewaltanwendung „gegen die politische Unabhängigkeit" eines anderen Staates verboten ist, und es kommt hinzu, daß solcher massiver Zwang ohne Einsatz von Militär durchaus geeignet sein kann, seinerseits die Gefahr, daß es zu militärischen Auseinandersetzungen kommt, zu fördern; wird ein Staat z. B. durch die Sperrung lebenswichtiger Lieferungen in seiner „Existenz" bedroht, so mag es sein, daß er dann doch noch geneigt ist, das Risiko kriegerischer Gewaltanwendung auf sich zu nehmen, um diesen Zwang abzu-

---

[28] Ein von 11 (vorwiegend afrikanischen und asiatischen) Staaten in dem 1966er Ausschuß (vgl. Anm. 4) vorgelegter Vorschlag vom 22. 3. 1966 (A/AC. 125/L. 21) definiert als verbotene Gewalt auch alle Formen des Drucks (pressure), wenn sie die Wirkung haben, die territoriale Integrität oder politische Unabhängigkeit eines Staates zu bedrohen. Ein tschechoslowakischer Vorschlag (A/AC. 125/L. 16) will darauf abstellen, ob eine dahingehende Absicht besteht. Noch weiter geht der Vorschlag Chiles (A/AC. 125/L. 23), der als Gewalt ohne weitere Qualifikation „alle Formen des politischen, wirtschaftlichen oder sonstigen Drucks" bezeichnen will, und als „Bedrohung mit Gewalt" jede Aktion, welche in dem betroffenen Staat die begründete Befürchtung hervorruft, daß er einem ernstlichen und nicht wiedergutzumachenden Schaden ausgesetzt sei.

schütteln, oder vielleicht auch nur, um die Aufmerksamkeit und die Sympathien Dritter auf sich zu ziehen. Trotzdem hat der Gedanke, besonders intensive Formen nichtmilitärischer Zwangsanwendung im Verhältnis zwischen Staaten, ob sie zur Durchsetzung von Rechtsansprüchen erfolgen oder nicht, ausdrücklich als Verletzung des Gewaltverbotes oder gar als „Aggression"[28a] zu qualifizieren, und noch weniger der Gedanke, daß hierauf mit Aktionen reagiert werden darf, die ohne diese Rechtfertigung ihrerseits Gewaltanwendung, wenn auch nicht schon einen bewaffneten Angriff, darstellen würden, in der Praxis der maßgeb-

---

[28a] Die Bestrebungen, das Gewaltverbot auf das Verbot der „Aggression" zu konzentrieren, und zu diesem Zweck die Aggression zu definieren, sind heute in den Hintergrund getreten. Sie wurden zur Zeit des Völkerbundes vor allem von der Sowjetunion gefördert, wurden in den 50er Jahren von der UNO wieder aufgenommen, blieben aber dann stecken (vgl. darüber z. B. Aroneanu, La définition de l'aggression, 1958, und Klein in: Festschrift für Jahrreiss, 1964, S. 163 ff.). Das beruht wohl nur z. T. auf dem unüberbrückbaren Gegensatz zwischen den Befürwortern und den Gegnern einer Definition des Aggressionsbegriffes, sondern hängt damit zusammen, daß eine förmliche Feststellung einer Aggression Sache des Sicherheitsrats und damit praktisch eines politischen Kompromisses der Großmächte ist, wenn sie nicht am Vetorecht scheitert. Für die propagandistische Begründung bzw. Verurteilung von Handlungen im Verhältnis zwischen Staaten außerhalb des Verfahrens vor dem Sicherheitsrat schien es daher empfehlenswert, mit anderen Begriffen, insbesondere mit den Begriffen bewaffneter Angriff und Selbstverteidigung, zu arbeiten. Aber auch im Sicherheitsrat selbst wird der Begriff der Aggression in den letzten Jahren weit weniger verwendet als der Begriff der Friedensbedrohung, offenbar weil man damit einerseits den in dem Aggressionsbegriff notwendig enthaltenen Tadel vermeiden, andererseits aber einen weiteren Kreis von Tatbeständen erfassen kann als mit dem Begriff der Aggression, vgl. unten S. 30. — Daß die Generalversammlung den 1964er und den 1966er Ausschuß mit der Klärung des „Gewalt"verbots beauftragte, geht in erster Linie auf die Wünsche der asiatischen und afrikanischen Länder zurück, denen die Sowjetunion in der Erwartung zustimmte, daß bei dieser Gelegenheit vornehmlich die Überseepolitik der westlichen Staaten verurteilt würde. Zur Terminologie sei abschließend bemerkt, daß ich eine Wiedergabe des englischen und französischen Ausdrucks „aggression" im Deutschen mit dem Ausdruck „Angriff" für irreführend halte (anders offenbar Klein, a. a. O., S. 181). Die aggression in dem Sinne, den das Wort gerade seit den 30er Jahren im Diplomaten-Englisch erhalten hat, ist der Gesamtaspekt verschiedenster Maßnahmen in Verbindung mit bestimmten Absichten und einer bestimmten politischen Einstellung, welche auf eine von anderen mißbilligte Veränderung des status quo hingeht. Das sollte daher auch im Deutschen als „Aggression" wiedergegeben werden, im Gegensatz zu den Einzelmaßnahmen des „Angriffs" (attack), der ja auch der Abwehr, und insbesondere der Abwehr einer „Aggression", dienen kann.

lichen Organe der Vereinten Nationen bisher keine positive Aufnahme gefunden.

Andererseits kann man fragen, ob in der Völkerrechtsordnung das Gewaltverbot, ähnlich wie der Besitzschutz im Privatrecht, nicht unbedingt voraussetzt, daß institutionalisierte Prozeduren bestehen, und zwar wirkungsvoll bestehen, um bei einer Verletzung des *Rechts* diesem letztlich doch irgendwie zur Realisierung zu verhelfen. Das Gewaltverbot hängt gerade in der Charta der Vereinten Nationen offenbar eng mit der Existenz jener grundsätzlichen Verpflichtung der UN-Mitglieder zusammen, ihre „Streitigkeiten" auf friedlichem Wege beizulegen. Daß nach Art. 2 Ziff. 3 der Charta die Art und Weise solcher friedlichen Streitbeilegung, wie es ausdrücklich heißt, den internationalen Frieden und die internationale Sicherheit nicht gefährden soll, ist einerseits offenbar nur eine Vorwegnahme dessen, daß eine Streitbeendigung eben nicht unter Anwendung von *Gewalt* erfolgen soll. Andererseits ist es nicht von vornherein abwegig zu sagen, daß der internationale Friede und die internationale Sicherheit auch durch Verwendung *sonstigen* Zwangs in einem Streit unter Umständen „gefährdet" seien. Wichtig aber ist auch, daß die friedliche Streitbeilegung in der Weise zu erfolgen hat, daß sie die „Gerechtigkeit nicht gefährdet". Das klingt zwar zunächst etwas anders, als wenn man gesagt hätte, daß die Methoden der friedlichen Streitbeilegung so eingerichtet werden müssen, daß sie letztlich zur Verwirklichung des geltenden Völkerrechts führen; aber in jener Klausel des Art. 2 Ziff. 3 ist sicher die Verwirklichung des geltenden Rechts eingeschlossen, wenn es zugleich der Gerechtigkeit entspricht. Jedenfalls sind das Bestehen und die Verwendung von Streitbeilegungsverfahren, die dem Art. 2 Ziff. 3 Genüge tun, offensichtlich stillschweigende Voraussetzung für das in der gleich folgenden Ziff. 4 des Art. 2 fixierte Gewaltverbot.

Was aber wird aus dem Gewaltverbot, wenn ein Streit, in dem sich beide Parteien auf Recht und Gerechtigkeit berufen, nicht beigelegt wird, weil die Streitparteien sich nicht in Verhandlungen einigen können, oder weil sie sich nicht auf ein Verfahren zur Drittentscheidung haben einigen können, oder weil überhaupt

keine Wege zur friedlichen Streitbeilegung vorgesehen sind oder
begangen werden? Diese Frage ist um so bedeutsamer geworden,
als gerade die Streitbeilegung durch die vermittelnde Tätigkeit
des Sicherheitsrates wiederholt am Veto einer der Großmächte
gescheitert ist. Lebt dann das alte Recht der einzelnen Staaten,
vor allem ihre völkerrechtlich begründeten und zugleich der
Gerechtigkeit entsprechenden Ansprüche gegebenenfalls mit militärischer Gewalt durchzusetzen, schließlich am Ende doch wieder
auf? Bisher hat noch niemand gewagt, diese Frage mit einem
klaren Ja zu beantworten; doch kann die Existenz dieses Problems bei einer objektiven Betrachtung einfach nicht mehr ge-
leugnet werden.

Gewaltanwendung zur Durchsetzung des Rechts scheint besonders nahezuliegen, wenn die Rechtslage schon autoritativ geklärt
ist. So könnte man denken, daß vor allem die Nichtachtung einer
rechtskräftigen Entscheidung eines internationalen Gerichts, insbesondere also die Nichterfüllung von Urteilen des Internationalen Gerichtshofs, Anlaß zur Anwendung gegebenenfalls auch
von militärischen Zwangsmitteln auf Anordnung des Sicherheitsrates sein könne, oder daß die obsiegende Partei solchen Zwang
von sich aus anwenden dürfe; gerade hierfür bietet allerdings die
Praxis der Vereinten Nationen kein einziges Beispiel. Um so auf-
fälliger ist es, daß man neuerdings bestimmte Vorgänge im
inneren politischen Leben der Staaten wegen ihrer angeblich besonders krassen Völkerrechtswidrigkeit, sei es nach förmlicher
Verurteilung durch ein politisches Organ der Vereinten Nationen, sei es ohne eine solche, zum Anlaß nehmen will, um bewaffnete Aktionen gegen den betreffenden Staat zu rechtfertigen. In
den letzten Jahren ist der Gedanke aufgetaucht, daß neben dem
verbotenen bewaffneten Angriff, der automatisch das Recht zur
bewaffneten Selbstverteidigung auslöst und zugleich zu Sanktionen nach Kap. VII der Charta Veranlassung gibt, andere Verletzungen des Völkerrechts denkbar seien, die so *schwerwiegend*
sind, daß sie, jedenfalls mit Billigung der politischen UN-Organe,
vielleicht aber auch ohne eine solche, gegebenenfalls auch Maßnahmen anderer Staaten mit Waffengewalt rechtfertigen. Da ist
zunächst ein Fall, über den ziemliche Klarheit besteht: Unter-

stützt ein Staat, der selbst keine Gewalt durch eigene Organe oder auch nur durch eigene Staatsangehörige anwenden läßt, einen anderen Staat, von dem es feststeht, daß dieser einen Angriff gegen einen dritten Staat vorgenommen hat bzw. weiterführt, z. B. durch Lieferung von Kriegsmaterial, so kann dies vom Sicherheitsrat ohne Bedenken als „Aggression" bezeichnet und zum Anlaß der Anordnung von Maßnahmen nach Kap. VII der Charta gemacht werden.[29] Obwohl es sich bei solcher Unterstützung nicht um einen „bewaffneten Angriff" handelt, gegen den „Abwehr" unter Anwendung von Gewalt gegen das Gebiet des Hilfe leistenden Landes zulässig wäre, dürfte gegen den schuldigen Staat auch eigenmächtige Gewaltanwendung, z. B. zur Behinderung der Waffentransporte auf See[29a], nicht unzulässig sein.

Eine ganz andere Situation liegt vor, wenn eine Anzahl afrikanischer Staaten ein bewaffnetes Eingreifen der übrigen Staaten gegen Südafrika bzw. Südrhodesien wegen der dort betriebenen Rassenpolitik verlangen, wobei allerdings festzustellen ist, daß mindestens ebenso bedenkliche Verletzungen der Menschenrechte außerhalb Afrikas bisher noch nicht Anlaß zu einem ähnlichen Verlangen gewesen sind. Hier wäre es nun, schon um die Anordnung gewaltsamer Sanktionen durch den Sicherheitsrat zu rechtfertigen, unentbehrlich, daß der Sachverhalt unter einen derjenigen Tatbestände gebracht werden kann, die nach Art. 39 der Charta kollektive Sanktionen auslösen können und sollen. Um das zu erreichen, hat man z. B. gerade die Segregationspolitik[30] als eine „Friedensbedrohung" qualifizieren wollen und damit

---

[29] Die Resolution der Generalversammlung Nr. 498 (V) vom 1. 2. 1951 spricht von der „Aggression" Rotchinas durch Unterstützung von Nordkorea.

[29a] Die Entscheidung des Sicherheitsrates vom 16. 12. 1966 (vgl. unten Anm. 40) verpflichtet die Mitglieder der UN zur Verhinderung des Transportes von Waffen und Öl nach Rhodesien nur insoweit, als der Transport von ihrem Staatsgebiet aus, oder durch ihre Staatsangehörigen, oder mit Schiffen ihrer Flagge erfolgt, und enthält keine Ermächtigung der einzelnen Staaten zur Verhinderung solcher Transporte seitens fremder Schiffe. Über die Ermächtigung Großbritanniens zur Verhinderung einer Landung von Öl in Beira durch die Entscheidung vom 9. 4. 1966 vgl. unten S. 24.

[30] Vgl. hierzu Soubeyrol, Rev. Gén. D. Int. Publ. 1965, S. 326 ff.

ihrerseits in die Nähe des Gewaltverbotes gebracht.[31] Während nun die Generalversammlung der UN im Dezember 1965 ausdrücklich erklärt hat, daß die „Lage" in Südafrika eine „Bedrohung" des internationalen Friedens darstelle und Maßnahmen nach Kap. VII notwendig mache,[32] ist es allerdings in dem für Maßnahmen nach Kap. VII zuständigen Sicherheitsrat bisher nur zu solchen Beschlüssen gekommen, welche feststellen, daß die Lage in Südafrika den internationalen Frieden „störe", wobei allerdings zugleich die Verletzung der Menschenrechte durch die südafrikanische Regierung ausdrücklich bejaht wird.[33] Kann die Apartheid keine gewaltsamen Sanktionen auf Anordnung des Sicherheitsrats auslösen, so wäre ein spontanes gewaltsames Vorgehen einzelner Staaten erst recht bedenklich.

Das wichtigste Glied zwischen der Qualifizierung der politischen Verhältnisse in einem Staat als einer Völkerrechtsverletzung und der Ermächtigung Dritter zur Anwendung von Gewalt ist indes die Feststellung, daß die Anwendung oder auch nur die Bereitstellung staatlicher Macht, welche jene Völkerrechtsverletzung ermöglicht, selbst eine Abart der von der Charta verbotenen Gewaltanwendung — nämlich der Gewaltanwendung *in den internationalen Beziehungen* — darstellt. Auf diesen wichtigen Punkt werden wir später noch zurückkommen.[34] Daß dieser entscheidende Schritt in der Betrachtungsweise durch den Sicherheitsrat schon getan worden ist, muß vielleicht bei seinen

---

[31] Da Art. 39 den Sicherheitsrat beauftragt, einen Friedensbruch, eine Aggression oder eine Friedensbedrohung festzustellen, liegt es nahe, in diesen Begriffen eine Aufgliederung der verbotenen Gewalt im Sinne des Art. 2 Abs. 4 zu sehen. Die eigenartige Formulierung des 3. Komitees der Gründungskonferenz von San Francisco, dem Sicherheitsrat sei die „volle Entscheidung" darüber zu überlassen, was eine Friedensbedrohung darstelle (vgl. Doc. UN Conf. Int. Org. vol. 12, S. 505), hat verschiedentlich zu der Auffassung geführt, dem Sicherheitsrat sei ein absolut freies Ermessen gegeben worden, irgendwelche Sachverhalte als Friedensbedrohung zu erklären. Damit wäre indirekt auch der Begriff des Gewaltverbots einer juristischen, vor allem einer richterlichen Interpretation entzogen. Ich halte diese Ansicht für falsch: Daraus, daß ein internationales Organ Begriffe mit einem unscharfen Rand handhaben muß, und daß es dabei ein gewisses Ermessen hat, ist nicht zu schließen, daß es volle Freiheit hat, irgend etwas unter den betreffenden Begriff zu subsumieren; vgl. dazu mein Völkerrecht, S. 735 f. Von einem schrankenlosen Ermessen des Sicherheitsrats beim Umgang mit dem Begriff der Friedensbedrohung kann daher nicht die Rede sein.
[32] Vgl. Resolution Nr. 2054 (XX).
[33] Vgl. z. B. die Resolution Nr. 161 (1964).
[34] Vgl. unten S. 37.

Beschlüssen über Rhodesien angenommen werden. Hier war allerdings die staatsrechtliche Illegalität des Smith-Regimes zunächst einmal ein Anhaltspunkt dafür, daß nicht nur Großbritannien aufgefordert wurde, dieses illegale Regime als Herrschaft einer rassischen Minderheit notfalls mit Gewalt zu beseitigen, sondern daß die Resolution des Sicherheitsrats vom 9. 4. 1966[35] aussprach, daß die fortdauernde Versorgung Rhodesiens mit Öl eine Stützung seines illegalen Regimes und damit selbst eine Bedrohung des Friedens darstelle; daher wurde ein einzelner Staat, Großbritannien, ermächtigt, die Zufuhr von Öl über den portugiesischen Hafen von Beira notfalls mit Gewalt (die sich auch gegen Schiffe dritter Staaten hätte richten können) zu verhindern. Die am 16. 12. 1966 vom Sicherheitsrat angeordneten Sanktionen[36] sind ihrerseits allerdings zunächst nur als gewaltlose Sanktionen vorgesehen worden.

Es bleibt noch die Frage zu erörtern, ob es eventuell außer der besonderen Schwere einer Völkerrechtsverletzung einen anderen Grund dafür gibt, daß die Anwendung von Gewalt durch den in seinem Recht Verletzten von der Charta doch implizite zugelassen wird, jedenfalls wenn die Völkerrechtsverletzung, die ihrerseits nicht in verbotener Anwendung militärischer Gewalt besteht,[37] einwandfrei feststeht. Um das zu rechtfertigen, liegt es vor allem nahe, im Selbstverteidigungsrecht des Art. 51 nicht eine eng auszulegende Ausnahme vom Gewaltverbot, sondern nur einen speziellen Anwendungsfall eines allgemeineren Rechtsgrundsatzes zu sehen und zu sagen: Gewaltanwendung ist zulässig, wenn sie — und in dem Umfang, wie sie — zur Verhinderung von völkerrechtlichem Unrecht — auch wenn es nicht in verbotener Gewaltanwendung besteht — unentbehrlich ist bzw. unentbehrlich geworden ist, und wenn für den Verletzten durch

---

[35] Resolution Nr. 221 (1966).

[36] Vgl. S. 40.

[37] Kaum erörtert ist die Frage, ob militärische Gewalt, und welche Arten militärischer Gewalt angewendet werden dürfen, wenn völkerrechtliche Verpflichtungen verletzt werden, die in einem Vertrag enthalten sind, mit welchem bewaffnete Auseinandersetzungen verhindert oder gehemmt werden. Bei einer Verletzung von Klauseln in derartigen Verträgen, die sich auf militärische Dinge beziehen, aber über das Verbot von bewaffneter Gewalt hinausgehen — etwa ein Verbot der Anlegung von Stützpunkten — wird der Verletzte sich schwer damit abfinden, nur auf „friedlichem" Wege Abhilfe zu verlangen.

die Völkerrechtsverletzung ein nicht anderweit zu behebender *Notstand* entstanden ist. Dieser Gedanke findet sich vor allem bei einigen englischen und amerikanischen Autoren.[38] Er erfährt eine indirekte Stützung durch diejenige Auffassung, welche Zwang größeren Stils ohne Anwendung militärischer Gewalt unter das Gewaltverbot bringen will, und der Gedanke wird dadurch anziehender gemacht, daß man dort, wo das völkerrechtliche Unrecht nicht seinerseits in einem verbotenen militärischen Angriff besteht, der Gewaltanwendung zur Behebung eines Notstandes inhaltliche Schranken auferlegt, mit denen sie sich wiederum von den Arten der Gewaltanwendung unterscheidet, die zur gewaltsamen Abwehr eines bewaffneten Angriffs zulässig sind. So wird man jedenfalls verlangen, daß gewaltsame Aktionen zur Abhilfe gegenüber einem durch Rechtsverletzungen ausgelösten „Notstand" unbedingt auf die Erreichung dieses Zieles ausgerichtet sein müssen, und daß sie nicht den Charakter „totaler" Kriegführung mit dem Ziel der bedingungslosen Kapitulation des feindlichen Staates annehmen. Dieser Gedanke taucht auf in den Äußerungen zur Rechtfertigung der englisch-französischen Aktionen in der Suezkanalaffaire, die ja angeblich nur der Sicherung des freien Verkehrs auf dem Kanal dienen sollten. Vor allem aber ist der Gedanke, man dürfe Truppen in das Gebiet anderer Länder entsenden, um dort das Leben der eigenen Staatsangehörigen vor irgendwelchen Gefahren zu schützen, einerseits ein Anwendungsfall des Gedankens vom allgemeinen Selbstverteidigungsrecht gegen völkerrechtliches Unrecht, andererseits aber ein Beispiel für die Beschränkung solcher Gewaltanwendung auf die Behebung eines „Notstandes" — Notstand im Sinne einer Gefährdung „vitaler" Belange im engsten Sinne, nämlich der Gefährdung von Menschenleben. Ein solches Recht zur Intervention zum Schutz des Lebens der Staatsangehörigen ist z. B. in den letzten Jahren von den Regierungen der Vereinigten Staaten, Großbritanniens und Belgiens als ein Recht in Anspruch genommen worden.[39] Aber gilt

---

[38] Insbesondere ist zu verweisen auf Stone, Aggression and world public order, 1958; Bowett, Self-defence in international law, 1958. Zu ähnlichen Ergebnissen kommen auch McDougal und Feliciano, Law and minimum world public order, 1961, sowie Burke, The legal regulation of minor international coercion in: Essays on intervention, herausgegeben von Stanger, 1964. Auch Verdross neigt offenbar zu diesen Ansichten.

[39] Belege über die Praxis bei Franke, Z. Öff. R. NF 16 (1966) 157 ff.

es nicht dann auch für sonstige völkerrechtswidrige Akte, durch
die „vitale" Interessen eines *Staates* beeinträchtigt werden?[40] Es
kann indes nicht gesagt werden, daß es ein auch schon in der
Praxis der Vereinten Nationen offen oder versteckt akzeptierter
Grundsatz sei, bei völkerrechtlichem Unrecht, welches nicht selbst
Gewaltanwendung nach außen, d. h. Gewaltanwendung gegenüber fremdem Gebiet oder fremden Truppen ist, sei aggressive
Gewaltanwendung unter dem Gesichtspunkt der Selbsthilfe bzw.
Nothilfe unbedingt zulässig, wenn auch nur unter der Voraus-
setzung, daß sie nicht in vollen Krieg ausartet, und daß sie sich
auf die Beseitigung eines Notstandes beschränkt.[41]

Es bleibt aber schließlich die Frage, ob die stillschweigende
Existenzbedingung für das Gewaltverbot des modernen Völkerrechts, nämlich das Bestehen und Funktionieren anderer Methoden zur „gerechten" Beilegung von Streitigkeiten, heute wirklich
als erfüllt anzusehen ist, und welche Konsequenzen zu ziehen
sind, wenn festgestellt wird, daß dies nicht der Fall ist. Eine
„Anpassung" der Tragweite des allgemeinen Gewaltverbots an
die Feststellung, daß diese wesentliche Existenzbedingung des
Gewaltverbots nicht verwirklicht ist, ist im Sinne der allgemeinen Rechtsgrundsätze durchaus vertretbar. Dennoch bleibt
das Bedenken, ob diese Anpassung auch vom Standpunkt einer
auf Fortschritt gerichteten Völkerrechtspolitik erwünscht ist, und
ob sie nicht die unheilvolle Wirkung hat, daß das Rad der
Völkerrechtsgeschichte wieder ganz zurückgedreht wird. Denn
wenn es auch nicht bestritten werden kann, daß von einer in
allen Fällen verhütend oder auch nur eindämmend wirksamen
institutionalisierten Sicherung des Gewaltverbots im Verhältnis
zwischen den Staaten nicht die Rede sein kann, so ist dieses Verbot doch bisher weitgehend realisiert worden. Zwischen den

---

[40] Die Südostasien-Resolution des Kongresses der Vereinigten Staaten vom
10. 8. 1964 spricht in sec. 1 nicht nur von notwendigen Maßnahmen zur Abwehr bewaffneter Angriffe gegen die Streikräfte der Vereinigten Staaten, sondern spricht in sec. 2 auch von notwendigen Schritten „einschließlich des Einsatzes der bewaffneten Macht" zur Unterstützung eines anderen Signatars des
Verteidigungspaktes für Südostasien, wenn dieser Staat Unterstützung zur
„Verteidigung seiner Freiheit" erbittet. Die Freiheit kann möglicherweise auch
durch etwas gefährdet sein, was nicht bewaffneter Angriff ist.

[41] Kritisch zu dieser Ausdehnung des Selbstverteidigungsbegriffes Leanza,
Legittima difesa, autopreservazione e stato di necessità in diritto internazio-
nale, 1963, sowie Brownlie, a. a. O.

Mitgliedern von bestimmten Staatenblocks, zwischen denen eine intensive Zusammenarbeit auf allen möglichen Gebieten stattfindet, werden Streitigkeiten derzeit in der Tat über kurz oder lang regelmäßig im Wege friedlicher Verhandlungen beigelegt. Hier besteht durchweg auch gar keine Bereitschaft, wenigstens Rechtsansprüche eventuell mit Gewalt durchzusetzen; hier sind insbesondere die wirtschaftlichen Verknüpfungen meist so eng, daß das Unrationelle einer eventuellen kriegerischen Auseinandersetzung im Bewußtsein der staatstragenden Menschengruppen und ihrer Führungen fest verankert ist. Diese Einsicht ist hier die wirksamste Ursache dafür, daß das Gewaltverbot im Endeffekt beachtet wird; diese Einsicht ist meist sogar wichtiger als die vielfach nur auf dem Papier stehenden Vereinbarungen über bestimmte Verfahren zur friedlichen Streitbeilegung.

Es gibt andererseits heute noch auf der Welt zahlreiche Staaten, für deren Staatsführung das Emotionale alles andere als ausgeschaltet ist, und wo eine echte Bereitschaft zur eventuellen kriegerischen Gewaltanwendung als psychologisches Faktum vorhanden ist, und gerade hier fehlt es durchweg an Verfahren zur friedlichen Streitbeilegung, die sich automatisch einfädeln und abrollen, und noch mehr fehlt es an gemeinsam anerkannten klaren Grundsätzen über die gerechte Lösung von Gegensätzen. Es wäre falsch zu glauben, daß das Gewaltverbot im Bewußtsein solcher Staatsführungen unmittelbar eine „moralische" Wirkung hätte. Kriegsverhütend oder -hemmend ist hier indes bisher oft allein die Tatsache, daß die Kriegführung mit modernen technischen Mitteln Kosten verursacht, die über die eigene Leistungsfähigkeit der meisten der heute bestehenden Staaten hinausgehen. Wenn nicht Weltmächte durch unterentwickelte Länder einen Stellvertreterkrieg führen lassen, indem sie ihnen die Kriegführung überhaupt erst ermöglichen, müssen die mit modernen Mitteln geführten echten internationalen Kriege besonders zwischen den sogenannten unterentwickelten Ländern bald zur Erschöpfung führen.

Daher ist festzustellen, daß im Verlaufe der letzten zwei Jahrzehnte die Zahl von evidenten Verletzungen des Gewaltverbots gering geblieben ist, jedenfalls wenn man sich auf diejenigen Fälle beschränkt, wo von Anfang an Gewalt direkt zwischen verschiedenen souveränen Staaten angewendet wurde, und wo die

Gewaltanwendung den Charakter des militärischen Angriffs annahm. Wir haben die Suezaffaire von 1956, wir haben die militärischen Verwicklungen Indiens mit China und Pakistan, und seine eigene Unternehmung gegen Goa. Die Blockaden von Berlin und Kuba liegen schon in der Randzone der Gewaltanwendung, von der oben die Rede war. Alle anderen Vorgänge, in denen später Truppen eines Landes jenseits der Grenzen dieses Landes zu Kämpfen eingesetzt wurden, haben interessanterweise stets als Kriege *innerhalb* eines Staates angefangen. Wenn es sich nicht um Bürgerkriege im engsten Sinne, d. h. Kämpfe zwischen verschiedenen politischen Gruppen um die Macht im Staat handelte, so handelte es sich doch um Kämpfe zwischen Gebilden und Organisationen, die bis dahin jedenfalls nicht als verschiedene Staaten nebeneinander bestanden, wie die Juden und Araber in Palästina, oder Nord- und Südkorea; wir werden von diesen Kämpfen als von Bürgerkriegen im weiteren Sinne sprechen.

II.

Das führt uns zu dem nächsten Problem, was das Gewaltverbot im heutigen Völkerrecht in bezug auf *Bürgerkriege* besagt. Diese Frage ist um so bedeutsamer, als die Staaten heute, wie gezeigt, „echte" internationale Kriege vermeiden, und die Bürgerkriege im engeren oder weiteren Sinne vielfach Ersatzformen des eigentlichen internationalen Krieges geworden sind, was sich vor allem darin äußert, daß häufig jede der Bürgerkriegsparteien durch einen anderen fremden Staat unterstützt, ja manchmal sogar von ihm ganz unterhalten wird. Bevor wir aber die Frage stellen, was das Völkerrecht gerade gegen solche Bürgerkriege, die zugleich Stellvertreterkriege zwischen anderen Staaten sind, unternimmt, soll zunächst die allgemeine Frage erörtert werden, ob Bürgerkriege nicht generell, d. h. also auch ohne Einmischung Dritter, vom Gewaltverbot erfaßt werden.

Wenn die Genfer Konventionen zum Schutz der Kriegsopfer von 1949 zum mindesten einen Teil der humanitären Beschränkungen kriegerischer Gewaltanwendung auch in einem Bürgerkrieg angewendet wissen wollen, so scheint es ja offenbar im Zuge der Zeit zu liegen, wenn auch die Entstehung und Führung eines jeden Bürgerkrieges vom völkerrechtlichen Gewaltverbot mit erfaßt wird. Das Verbot der aggressiven militärischen Gewaltanwendung in der Charta der UNO bezieht sich aber zunächst entsprechend dem Vertrags*text* auf die „internationalen Beziehungen" der Mitglieder der UN, d. h. auf die internationalen Beziehungen der Mitgliedstaaten unter sich und diejenigen ihrer Beziehungen zu dritten Staaten, welche „internationale" Beziehungen darstellen. Art. 2 Ziff. 6 der UN-Charta besagt bekanntlich darüber hinaus, die Organisation solle dafür sorgen, daß Staaten, welche nicht Mitglieder der Vereinten Nationen sind, sich ebenfalls gemäß den in Art. 2 niedergelegten Prinzipien, zu denen das Gewaltverbot gehört, verhalten.[42] Wir werden noch sehen, daß man sich an diese Bestimmung des Art. 2 Ziff. 6 der Charta zu erinnern hat, wenn man der interessanten Frage nachgeht, ob auch Bürgerkriege, oder vielleicht bestimmte Arten von Bürgerkriegen, ebenfalls durch das Gewaltverbot der Charta mißbilligt und erfaßt werden. Zunächst sieht es indes nach dem Chartatext so aus, als ob Bürgerkriege im Inneren ein und desselben Staates auch dann von dem Gewaltverbot des Art. 2 Ziff. 4 nicht erfaßt werden, wenn der betreffende Staat Mitglied der Vereinten Nationen ist. Immer wieder ist überdies vorgetragen worden, daß Bürgerkriege in einem Mitgliedstaat der UN unter die domestic jurisdiction-Klausel (Art. 2 Ziff. 7 der Charta) fallen, wo den Vereinten Nationen, d. h. ihren Organen, verboten wird, in diejenigen Angelegenheiten eines Mitgliedstaates (und erst recht in die eines Nichtmitgliedstaates!) zu intervenieren, die „wesentlich zur nationalen Zuständigkeit dieses Staates gehören." Daher haben auch die Vertreter von Mitglied-

---

[42] Diese Bestimmung muß nicht notwendig, wie man behauptet hat, als eine Anmaßung der UNO verstanden werden, Nichtmitgliedern völkerrechtliche Pflichten ohne deren Einwilligung aufzuerlegen. Sie kann als eine Anweisung an die Organe und die Mitglieder der Organisation verstanden werden, durch Überredung, eventuell auch legalen Druck, dahin zu wirken, daß auch Nichtmitglieder sich so verhalten, als ob sie durch die Prinzipien des Art. 2 der Charta gebunden wären. Es handelt sich dann also um etwas Ähnliches, wie wir es z. B. in Kartellabmachungen der Wirtschaft finden können; wenn dort gesagt wird, die Kartellmitglieder sollten bestrebt sein, auch Außenseiter zur Respektierung der Kartellabmachungen zu veranlassen, so wird das, wenn sie sich dabei legaler Mittel bedienen, im staatlichen Recht normalerweise zunächst durch die allgemeine Vertragsfreiheit gedeckt, es sei denn, daß ein besonderes Kartellgesetz derartige Abmachungen verbietet; ist das aber nicht der Fall, so ist die Abmachung sicher nicht als ein Vertrag aufzufassen, der Außenseitern eine (gegebenenfalls vom Staat zu erzwingende) rechtliche Verpflichtung auferlegen wollte.

staaten der UN, in deren Staatsgebiet Sezessionsbewegungen
oder Autonomiebewegungen zu Kämpfen auch im größten Stil
auf dem Staatsgebiet geführt haben, vor den Organen der Vereinten Nationen fast stets den Standpunkt vertreten, daß sich die
Vereinten Nationen mit solchen Bürgerkriegen nicht befassen
dürften. Trotzdem hat der Sicherheitsrat sich immer wieder,
soweit eine Beschlußfassung nicht am Veto einer der fünf dazu
berechtigten Staaten scheiterte, auch mit Bürgerkriegen im engeren und weiteren Sinne befaßt, und hat sich insbesondere an die
Bürgerkriegsparteien selbst gewendet.[43]

Wie kann das begründet werden? Da die domestic jurisdiction-
Klausel nicht zieht, wenn ein Tatbestand vorliegt, der den
Sicherheitsrat zu Zwangsmaßnahmen unter Kap. VII der Charta
ermächtigt, hat man versucht, Bürgerkriege — oder jedenfalls
konkrete Bürgerkriege — unter einen derjenigen Tatbestände zu
bringen, welche ein Einschreiten des Sicherheitsrates auslösen
können. Insbesondere ist es die oben[43a] schon erwähnte Vagheit
des Ausdrucks „Friedensbedrohung" in Art. 39, die den Gedanken aufkommen läßt, Kämpfe innerhalb eines Staates könnten
als eine solche Friedensbedrohung Anlaß zu einem Einschreiten
des Sicherheitsrates unter Kap. VII geben. Dies scheint besonders
nahezuliegen, wenn von solchen Kämpfen zu erwarten ist, daß
sie weitere Verwicklungen mit Gewaltanwendung im Verhältnis zu
anderen Staaten nach sich ziehen. Diese Argumentation ist aber
aus verschiedenen Gründen wenig überzeugend: Wenn ein Bürgerkrieg in einem Staat angeblich die Gefahr mit sich bringt, daß
er sich zu einem *internationalen* Krieg ausweitet, so kann die
eigentliche Ursache dafür im allgemeinen doch nur in der Haltung *dritter* Staaten liegen; keine der Bürgerkriegsparteien wird
ja vernünftigerweise meist einen Grund haben, sich neben ihrem
Bürgerkriegsgegner noch einen anderen Staat als Feind aufzu-
laden, wenn auch Fälle denkbar sind, in denen strategische Er-
wägungen einer Bürgerkriegspartei die Einbeziehung eines anderen Staates in das Kriegsgebiet als nützlich erscheinen lassen. Die
Bereitschaft *Dritter*, sich in den Bürgerkrieg einzumischen und ihn

---

[43] Vgl. z.B. die Resolution Nr. 186 (1964): „...calls upon the com-
munities in Cyprus and their leaders..."

[43a] Vgl. oben S. 23.

zu einem internationalen Krieg zu erweitern, ist aber sicher kein Grund, um den Parteien des Bürgerkrieges — bzw. dem *Staat*, in dem der Bürgerkrieg ausbricht — den Vorwurf zu machen, es liege eine von *ihnen* veranlaßte „Bedrohung" des internationalen Friedens vor, die den Sicherheitsrat zu Maßnahmen unter Kap. VII der Charta berechtige. Die Friedensbedrohung in Art. 39 ist die subjektive Bedrohung eines Staates mit Krieg durch einen anderen Staat, und nicht die objektive Gefahr, daß sich irgendein Ereignis infolge der Haltung Dritter zu einem internationalen Krieg ausweiten könne. Das ergibt sich deutlich, wenn man Art. 39, der in Kap. VII steht, mit Art. 37 im Kap. VI vergleicht: In Art. 37 heißt es, daß der Sicherheitsrat vermittelnd tätig werden könne, wenn ein Streit — Streit nicht im Sinne von militärischen Kämpfen, sondern im Sinne von gegensätzlichen Begehren — die „Aufrechterhaltung des internationalen Friedens gefährden könne". Zwar wird im französischen Text des Art. 37 dasselbe Wort „menacer" verwendet, das sich auch in Art. 39 findet; der englische Text von Art. 37 bzw. 39 zeigt aber ganz deutlich, daß in Art. 37 — und übrigen ebenso in Art. 34 — die objektive Gefahr eines späteren Krieges, in Art. 39 hingegen die subjektive Bedrohung mit kriegerischen Maßnahmen gemeint ist.[44]

Ist ein Bürgerkrieg in einem Staat Anlaß zu einem Streit zwischen diesem Staat — genauer: einem der rivalisierenden Regimes in diesem Staat — und einem anderen Staat, etwa weil dem anderen Staat eine (möglicherweise auch noch nicht als verbotene Gewaltanwendung zu verstehende) Einmischung in den Bürgerkrieg vorgeworfen wird, oder ist der Bürgerkrieg Anlaß zu einem Streit zwischen dritten Staaten — etwa weil jeder von diesen dem anderen Intervention in den Bürgerkrieg vorwirft und eine Beendigung dieser Einmischung verlangt —, so ist der

---

[44] Die Vermischung der Friedens*gefährdung* in Art. 37 und der Friedens*bedrohung* in Art. 39 findet sich allerdings schon in einem Vorschlag der Vereinigten Staaten bei der Behandlung des Palästina-Konflikts durch den Sicherheitsrat vom 17. 5. 1947, S/749. Eine bereits aktuell gewordene objektive Gefährdung des Friedens hat die Erläuterung zu Art. 30 im Anhang zur Europäischen Sozialcharta vom 18. 10. 1961 im Auge, wobei wiederum ein anderer Ausdruck, nämlich „threat of war" (menace de guerre) verwendet wird.

Sicherheitsrat zwar gemäß Art. 37 berechtigt, in dem diplomatischen „Streit" zu vermitteln, wenn dieser Streit, auch wenn er noch nicht zu militärischen Auseinandersetzungen zwischen den Streitenden geführt hat, in Zukunft den internationalen Frieden gefährden kann. Solange man auch nicht sagt, daß allein das Bestehen eines Bürgerkrieges in einem Staat die *Menschenrechte* der friedlichen Bürger ebenso — oder vielleicht noch mehr! — beeinträchtigt wie die in einem Lande gehandhabte Rassentrennung[44a], liegt für den Sicherheitsrat kein Anlaß vor festzustellen, der Staat, in dem sich der Bürgerkrieg abspielt, bedrohe damit als solcher selbst den Frieden im Sinne des Art. 39 der Charta und sei deshalb Zwangsmaßnahmen unter Kap. VII unterworfen.

Auf diese Weise kann also der Bürgerkrieg nicht unter das Gewaltverbot des Art. 2 Ziff. 4 gebracht werden. Wohl aber ist schwer etwas gegen die Auffassung zu sagen, auch ein Bürgerkrieg falle dann unter das Gewaltverbot, sobald jede der beiden Bürgerkriegsparteien in einem ursprünglich einheitlichen Staat es zu einer Ausübung ihrer Herrschaft gebracht hat, welche das von ihr beherrschte Gebiet und die dort lebende Bevölkerung als einen „Staat" erscheinen läßt. Man hat insbesondere an die Möglichkeit zu denken, daß ein fest umgrenztes Teilgebiet eines Mitgliedstaates der UNO gleich zu Beginn von Kämpfen mit dem Restgebiet sich als ein Gebilde darstellt, welches selbst staatsartigen Charakter hat. Obwohl es sich dabei um einen „Staat" handelt, der noch nicht Mitglied der Vereinten Nationen ist, hat man sich jetzt, wie wir vorhin schon andeuteten, daran zu erinnern, daß das Gewaltverbot ja auch im Verhältnis zu Nichtmitgliedern der UNO gilt. Will man diesen Gedanken fortführen, so läuft man allerdings Gefahr, daß die delikate Frage, ob und wann ein durch Sezession entstandenes Gebilde entgegen der Auffassung des Reststaates einen effektiven Neustaat darstellt, als Vorfrage gelöst werden müßte, wenn man die Frage stellt, ob der Krieg zwischen dem Neustaat und dem Reststaat

---

[44a] Vgl. oben S. 22 f. Obwohl im 1. Zusatzprotokoll zur Europäischen Menschenrechtskonvention sogar ein Menschenrecht auf Abhaltung von Wahlen aufgenommen wurde, erwähnt kein Konventionsentwurf ein Menschenrecht auf (äußeren und inneren) Frieden!

unter das Gewaltverbot fällt.[45] Daher hat man wohl an die Möglichkeit zu denken, daß gerade für das Verbot der Gewalt „zwischen Staaten" bzw. in den „internationalen Beziehungen" ein Staatsbegriff zugrunde gelegt werden muß, bei dem das durch das Gewaltverbot geschützte und zugleich gebundene Gebilde nicht notwendig alle diejenigen Eigenschaften haben muß, die für einen vollkommenen Staat sonst erforderlich sind, z. B. um in die Organisation der Vereinten Nationen aufgenommen zu werden.

Dieser Gedanke ist in der jüngsten Vergangenheit vor allem vom Westen aufgegriffen worden. So hat die Regierung der Vereinigten Staaten gerade bei den sogenannten geteilten Staaten den Schutz der mit der westlichen Welt sympathisierenden Teilgebilde gegen den sowjetisierten Staatsteil immer wieder damit zu stützen versucht, daß man sich auf das allgemeine völkerrechtliche Gewaltverbot bezogen hat. Abgesehen davon, daß die Verteidigung Formosas gegenüber dem kommunistischen Regime des Festlandes China mit seltsamer Offenheit auch einfach damit begründet wurde, das *Interesse* der Vereinigten Staaten stehe einer Besetzung Formosas durch eine kommunistische Regierung für ganz China entgegen,[46] so ist doch sowohl im Verhältnis zwischen Rotchina und Nationalchina, als auch im Verhältnis zwischen Nordkorea und Südkorea bzw. zwischen Nordvietnam und Südvietnam, das militärische Vorgehen des kommunistischen Staats*teils* gegen den nichtsowjetischen Staats*teil* als eine Verletzung des *völkerrecht*lichen Verbots der Gewaltanwendung, und die Unterstützung des nichtkommunistischen Staatsteils

---

[45] Diese Fragestellung ist vom Sicherheitsrat im Palästina- und im Indonesien-Konflikt mit Absicht vermieden worden, vgl. Higgins, a. a. O., S. 186. Einzelne Autoren haben die Auffassung vertreten, die Beteiligung Dritter an der Selbstverteidigung eines Staates gegen einen bewaffneten Angriff sei, wenn keine besondere Genehmigung des Sicherheitsrats vorliege, durch Art. 51 der Charta nur dann erlaubt, wenn der angegriffene Staat Mitglied der Vereinten Nationen sei. Die amerikanische Regierung ist anderer Meinung, vgl. Dep. State Bull. 28. 3. 1966, S. 478, und die Praxis der Vereinten Nationen bietet nichts zur Stützung der ersten Ansicht.

[46] Vgl. die Formosa-Resolution des amerikanischen Kongresses vom 29. 1. 1955: „... whereas the secure possession by friendly governments of the Western Pacific Islands chain is essential to the vital interests of the United States ..."

durch die Vereinigten Staaten als kollektive Selbstverteidigung im Sinne des Art. 51 der Charta bezeichnet worden,[47] obwohl in fast allen diesen Fällen eine der Regierungen mit Zustimmung der USA selbst behauptete, die legitime Regierung für den *einen* Staat zu sein, der beide Staatsteile umfasse. Obwohl die Vereinigten Staaten die Fähigkeit von Nordvietnam, Partei eines völkerrechtlichen Vertrages (z. B. des Vertrages über die Neutralisierung von Laos) zu sein, zeitweise energisch bestritten haben, haben sie schließlich Nordvietnam doch die Verletzung des völkerrechtlichen Gewaltverbots gegenüber einem anderen *Staat* zum Vorwurf gemacht.[48] Gelegentlich wird dazu noch angeführt, es handle sich deshalb um eine Verletzung des *völker*rechtlichen Gewaltverbots, weil hier eine „international" festgelegte „boundary" nicht respektiert worden sei.[49] Vereinzelt hat man den Wunsch einer bestimmten Menschengruppe, die ein derart abgegrenztes Gebiet bewohnt, in einem selbständigen Staatswesen gemäß ihrer politischen Konfession zu leben, zugrunde gelegt, um eine solche staatswillige Gruppe durch das völkerrechtliche Gewaltverbot auch da in ihrer Selbständigkeit zu schützen, wo rassische oder sprachliche Gesichtspunkte die betreffende *Bevölkerungsgruppe* nur als Teil eines umfassenderen Volkes erkennen lassen. So ist der Schutz der „demokratischfreiheitlich" denkenden Bevölkerung von Südvietnam durch die Vereinigten Staaten trotz des in den Verträgen von 1954 enthaltenen „Wiedervereinigungs"gebotes für Vietnam gelegentlich

---

[47] Vgl. das Statement des amerikanischen Außenministeriums vom 4. 3. 1965, Dep. State Bull. 22. 3. 1965, 403, sowie das Memorandum vom 8. 3. 1965 in: Background information relating to South East Asia and Viet-Nam, 1966, S. 199.

[48] Besonders kraß die Formulierung in dem Bericht des State Department vom 27. 2. 1965, Dep. State Bull. 22. 3. 1965, S. 404: „In Viet-Nam a communist government has set out deliberately to conquer a sovereign people in a neighboring State."

[49] Vgl. die Ansprache des Außenministers Rusk vom 23. 4. 1965, Dep. State Bull. 10. 5. 1965, S. 698. Auch wenn die Ost-West-Zonengrenze in Deutschland durch militärische Operationen, sei es der DDR, sei es der Bundesrepublik, verletzt würde, würde man also nach dieser Auffassung hier eine Verletzung des *völker*rechtlichen Gewaltverbots anzunehmen haben, auch wenn der DDR die diplomatische Anerkennung wegen fehlender Staatsqualität verweigert, oder gar das Fortbestehen des einheitlichen deutschen Staates angenommen würde.

einfach damit begründet worden, daß diese Menschen ein Recht
hätten, in einem ihren Auffassungen entsprechenden eigenen
Staatsgebilde zu leben und von den anders eingestellten übrigen
Vietnamesen in Ruhe gelassen zu werden.[50]
Meist ist es aber doch wohl in erster Linie der *staatsartige*
Charakter der faktischen Herrschaftsobjekte der feindlichen
Gruppen im geteilten oder zerfallenen Staat, welcher der Vorstellung zugrunde liegt, daß ein Krieg zwischen solchen Gebilden
von dem *völkerrechtlichen* Verbot der Gewaltanwendung erfaßt
werden könnte. Dem entsprach es, wenn die Generalversammlung der Vereinten Nationen einerseits die südkoreanische
Regierung als die „einzige freigewählte Regierung in Korea"
erklärte,[51] und wenn andererseits der Sicherheitsrat einen „bewaffneten Angriff" auf die Republik Korea durch „forces from

---

[50] Es ist interessant zu beobachten, daß bis etwa 1960 sowohl die Regierung von Südvietnam als auch die von Nordvietnam an der Einheit des vietnamesischen Volkes und Staates festhalten. Seit etwa 1963 wird indes der
Anspruch der südvietnamesischen Regierung, die legale Regierung für ganz
Vietnam zu sein, kaum noch aufrechterhalten. Während amerikanische Äußerungen ebenfalls bis 1963 nur von *der* Republik Vietnam und der „sogenannten" Regierung der Volksdemokratischen Republik Vietnam sprechen, heißt es
in einer Rede des Präsidenten Johnson vom 17. 4. 1965 (Dep. State Bull,
26. 4. 1965, S. 606): „We want that the people of South Viet-Nam be allowed
to guide their own country in their own way." Während der 17-Staaten-
Appell vom 15. 3. 1965 von *dem* vietnamesischen Volk spricht, ist in der Antwort der Vereinigten Staaten vom 8. 4. 1965 (Dep. State Bull. 26. 4. 1965,
S. 610) die Rede von der „independent nation of South Viet-Nam" und dem
Recht des Volkes von Südvietnam, seine Zukunft frei von äußerer Einwirkung zu bestimmen. Ein Schreiben des Botschafters Goldberg an den General-
sekretär der UN vom 5. 1. 1966 besagt, die Wiedervereinigung von Vietnam
müsse entschieden werden durch die „freie Entscheidung der beiden Völker",
und ein amerikanischer Beschlußentwurf für den Sicherheitsrat vom 31. 6. 1966
spricht vom Selbstbestimmungsrecht aller Völker, einschließlich „derjenigen in
Vietnam". — Während von sowjetischer Seite behauptet wird, daß vertragliche Regelungen, die der vollen Entfaltung des Selbstbestimmungsrechts insbesondere kolonialer Völker entgegenstehen, ungültig seien, haben die Vereinigten Staaten bezüglich des Genfer Abkommens über Vietnam von 1954
allerdings nicht erklärt, daß mit dem Wiedervereinigungsgebot das Selbstbestimmungsrecht des südvietnamesischen Volkes verletzt sei. Sie haben in
etwas widerspruchsvoller Weise ihrerseits festgestellt, daß Südvietnam und
die Vereinigten Staaten das Genfer Abkommen nicht unterzeichnet hätten,
andererseits betonen sie, daß die Bestimmungen des Genfer Abkommens von
Nordvietnam zum Schaden von Südvietnam verletzt worden seien, und daß
deshalb die Nichterfüllung einzelner Bestimmungen des Abkommens durch
Südvietnam berechtigt sei.

[51] Resolution Nr. 195 (III) vom 12. 12. 1948.

North Korea" feststellte.[52] Ähnlich wie nach der ausdrücklichen Bestimmung der Genfer Konventionen zum Schutz der Kriegsopfer von 1949 die förmliche Anerkennung der feindlichen „Regierung" nicht Voraussetzung für die Anwendbarkeit der Konventionen ist, so kann die förmliche Anerkennung eines staatsartigen Teilgebildes als Staat im Sinne des Völkerrechts durch den anderen Staatsteil, oder durch dritte Staaten, auch nicht Voraussetzung für die Verbindlichkeit eines auf Bürgerkriege zwischen staatsartigen Staatsteilen erstreckten Gewaltverbotes sein. Vielmehr liegt in der Feststellung, daß zwischen zwei politischen Gebilden das völkerrechtliche Gewaltverbot als anwendbar betrachtet wird, entweder eine versteckte Anerkennung ihrer Qualität als Staaten im Sinne des klassischen Völkerrechts, oder aber der Ansatz zur Entstehung einer besonderen Kategorie von „Völkerrechtssubjekten", nämlich eben der Schutzobjekte des völkerrechtlichen Gewaltverbots.[52a]

Dient die Erstreckung des Gewaltverbots auf die aggressive Gewaltanwendung zwischen den staatsartigen Teilen eines „geteilten" Landes und Volkes in der Argumentation vor allem der Vereinigten Staaten dem Ziel, eine bestimmte Art der Erweiterung des sowjetischen Machtbereiches zugleich als völkerrechtswidrig hinzustellen, so dient es umgekehrt dem Bestreben einer Schwächung der westlichen Welt, wenn die sowjetische Auffassung es als Verletzung des völkerrechtlichen Gewaltverbots hinzustellen versucht, daß insbesondere *koloniale* „Völker" durch Gewalt an der Verselbständigung gehindert werden. Indem die sowjetische Völkerrechtslehre[53] die Legalität der sogenannten

---

[52] Resolution S/1501 vom 25. 6. 1950. Auf diesen Beschluß bezieht sich dann auch das Legal Memorandum des amerikanischen Außenministeriums (Dep. State Bull. 28. 3. 1966, S. 477), um darzulegen, daß Südvietnam Gegenstand eines bewaffneten Angriffs durch Nordvietnam sein konnte.

[52a] Ob die volle Staatsqualität zur Parteifähigkeit einer „Regierung" im Verfahren vor Organen der Vereinten Nationen erforderlich ist, ist vor allem im Zusammenhang mit Art. 32, der die Einladung eines Nichtmitgliedstaates zu den Beratungen des Sicherheitsrats vorsieht, umstritten gewesen. Eine Einladung irgendwelcher „Personen" kann allerdings auch mit der Regel 39 der Verfahrensregeln des Sicherheitsrats begründet werden. Während die nordkoreanische Regierung 1950 weder auf Grund der einen noch der anderen Bestimmung geladen wurde, hat der Sicherheitsrat wiederholt eine Einladung der rotchinesischen Regierung, und am 7. 8. 1964 auch eine solche von Nordvietnam, vorgesehen.

[53] Vgl. darüber Ginsburg in: Law & Cont. Problems 29 (1964) 910 ff.

Befreiungskriege unterdrückter Völker propagiert, muß sie notwendig die Anwendung militärischer Gewalt zur Verhinderung solcher Loslösungsbestrebungen ihrerseits als völkerrechtlich verbotene Gewaltanwendung qualifizieren.[54] Nachdem einmal das Stichwort vom gerechten Befreiungskrieg gesprochen ist, ist es konsequent, wenn die Auffassung vertreten wird, es gäbe eine *völker*rechtliche Verpflichtung der zentralen Führung eines Staates, jegliche Behinderung von Befreiungsbestrebungen Unterdrückter zu unterlassen, und daß sogar der Gebrauch von Polizeigewalt zur Bekämpfung solcher Bestrebungen selbst schon *völker*rechtlich verbotene Gewaltanwendung sei. Zugleich wird betont, daß solche Gewaltanwendung im Verhältnis zwischen Angehörigen verschiedener Volksgruppen Gewaltanwendung inter nationes sei, um gerade sie wieder unter Art. 2 Ziff. 4 der Charta bringen zu können, während dies bei Gewalt und Unterdrückung gegenüber Angehörigen des gleichen „Volkes" wohl nicht möglich sein soll.

Die Idee eines gerechten Befreiungskrieges deckt meist gerade diejenigen Bürgerkriege, die nicht erfaßt werden, wenn man das Verbot des bewaffneten Angriffs auf staatsartige Teile eines Landes anwendet; sie erfaßt, mit anderen Worten, häufig gerade solche Kämpfe, bei denen keine „territorialen" Grenzen zwischen den Herrschaftsbereichen der Bürgerkriegsparteien bestehen. Ein Nebeneinander der bisher behandelten beiden Gründe zum Verbot von Bürgerkriegen ist indes deshalb sinnwidrig, weil jedem dieser Verbote eine Grundkonzeption zugrunde liegt, die zu der anderen in einem absoluten Widerspruch steht: Gegen die Erfassung des Bürgerkrieges durch das völkerrechtliche Gewaltverbot im Sinne der Lehre vom gerechten Befreiungskrieg spricht, daß das Gewaltverbot den Charakter eines Verbotes gewaltsamer Besitzstörung, wie es bei dem Verbot echter internationaler Kriege weitgehend akzeptiert ist,[54a] verliert, wenn man für die Rechtmäßigkeit der Kriegführung in einem „Be-

---

[54] Der Vorschlag der Tschechoslowakei vom 17. 3. 1966 im 1966er Ausschuß (vgl. Anm. 4) (A/AC 125/L. 16) stellt das Verbot von bewaffneten Aktionen und Gegenmaßnahmen irgendwelcher Art gegenüber Völkern, die für ihre Freiheit und Unabhängigkeit gegen den Kolonialismus kämpfen, sogar *vor* das Verbot der gewaltsamen Verletzung der Grenzen anderer Staaten.

[54a] Vgl. oben S. 8 f.

38

freiungskrieg" nicht darauf abstellen will, wer als erster den „friedlichen", wenn auch nicht notwendig rechtmäßigen, Besitzstand gestört hat. Während bei einer Erstreckung des Gewaltverbots auf die Beziehungen zwischen staatsartigen oder auch nur staatsähnlichen Gebilden innerhalb eines bisher einheitlichen Staates das wesentliche Element der Besitzstörung, welches den einen als Angreifer, den anderen als Angegriffenen erkennen läßt, erhalten bleibt, ist dies bei einem Gewaltverbot, das auf die „Gerechtigkeit" eines Umsturzversuches bzw. seiner Verhinderung abstellt, nicht der Fall. In der Lehre von dem legitimen Befreiungskrieg erlebt die alte Vorstellung vom gerechten Krieg, also die Vorstellung, daß der Zweck für die Erlaubtheit der Gewaltanwendung heranzuziehen sei, ihre Auferstehung. Gerade das aber haben übrigens vor allem die Sowjets für das völkerrechtliche Gewaltverbot im Verhältnis zwischen unabhängigen Staaten selbst energisch bekämpft.

Die Generalversammlung der UN hat indes mit der Mehrheit der außereuropäischen Staaten die Lehre vom gerechten Befreiungskrieg schon insoweit übernommen, als es sich um die Verselbständigung von ganzen überseeischen Kolonialgebieten europäischer Staaten handelt. So verurteilt sie ausdrücklich in einer Resolution von 1962[55] den von Portugal geführten „Kolonialkrieg" in Angola, wenn auch die radikale Formel „Kolonialismus ist Aggression" dabei nicht verwendet wird. Der Sicherheitsrat hat seinerseits bisher vermieden, die Kämpfe in Angola als Anlaß zu Maßnahmen nach Kap. VII zu erklären, obwohl die Resolution vom 23. 11. 1965 davon spricht, daß die portugiesische Überseepolitik den internationalen Frieden „störe". Aber auch der Sicherheitsrat hat Portugal schon aufgefordert, „acts of repression", also die Anwendung von Gewalt, gegen die Rebellen einzustellen,[56] ohne allerdings die Aktionen der Rebellen ihrerseits ausdrücklich als rechtmäßige Gewaltanwendung gutzuheißen.[57] Es ist außerordentlich interessant, daß entsprechende

[55] Resolution Nr. 1818 (XVII).
[56] Vgl. Resolution Nr. 180 (1963) vom 31. 7. 1963 und Nr. 218 vom 23. 11. 1965.
[57] Der „Ausschuß der 24" hingegen erkennt in einer Resolution vom 9. 6. 1966 (A/AC 109/177) ausdrücklich die Legitimität des Kampfes des „südwestafrikanischen Volkes für Freiheit und Unabhängigkeit" an.

Verurteilungen vermieden wurden, wenn nichteuropäische Völker in nichteuropäischen Staaten unterdrückt wurden.[58] Die Resolution 2079 (XXII) der Generalversammlung vom 18. 12. 1965 mißbilligt für Tibet nur die Verletzung der Menschenrechte des tibetanischen Volkes, und im Kongo hat auch der Sicherheitsrat ausdrücklich die Loslösungsbestrebungen für Katanga auch ohne Bezugnahme auf deren Förderung durch Belgien, und zwar einfach wegen ihrer Unvereinbarkeit mit der in der bisherigen Verfassung vorgesehenen staatlichen Einheit der Kongorepublik, verurteilt.[59] Die Idee vom gerechten Befreiungskrieg, die allerdings 1956 erst in den Anfängen stand, kommt auch in der Ungarn-Resolution der Generalversammlung nicht etwa in der Fassung zum Ausdruck, daß auch außerhalb der Kolonien jeder Kampf gegen ein Regime, welches dem Einzelnen die Freiheit und die Menschenrechte verweigert, ein gerechter Befreiungskrieg sei, auch wenn die Kämpfenden keinen neuen Staat anstreben, sondern nur das innere Selbstbestimmungsrecht geltend machen.[60]

Im Rhodesien-Fall lagen gar keine Kämpfe mit Waffengewalt im Lande vor, zu denen die Organe der UNO hätten Stellung nehmen können.[60a] Während der Sicherheitsrat anfangs nur fest-

---

[58] Der Vorschlag der Tschechoslowakei (vgl. oben Anm. 54) beschränkt das Recht zur Gewaltanwendung und zum Kampf mit irgendwelchen Mitteln auf den Kampf gegen die *Kolonial*herrschaft, obwohl er das Selbstbestimmungsrecht zuvor generell definiert als das Recht aller Völker, ihr wirtschaftliches, politisches und soziales System frei zu wählen, „einschließlich des Rechts, einen unabhängigen Nationalstaat zu errichten".

[59] Vgl. insbesondere die Resolution S/5002 vom 24. 11. 1961, welche den „Anspruch", daß Katanga eine „souveräne unabhängige Nation" sei, restlos verwirft und erklärt, daß alle sezessionistische Tätigkeit „gegen die Verfassung der Kongo-Republik und die Beschlüsse des Sicherheitsrats" verstoße.

[60] Die Beschlüsse der Generalversammlung in der Ungarn-Affaire konzentrieren sich auf die Verurteilung der sowjetischen Intervention als solcher (vgl. darüber unten Anm. 75) und nehmen zu den Gegensätzen zwischen den politischen Gruppen in Ungarn selbst zunächst nur in der Weise Stellung, daß das „Recht des ungarischen Volkes" betont wird, sich eine Regierung zu geben, die den „nationalen Aspirationen Rechnung trägt", und die sich für die Unabhängigkeit und das Wohlergehen des Volkes einsetzt (Resolution Nr. 1004 (ES II)). Nur die Resolution Nr. 1005 (ES II) geht so weit, von einem „right to a government freely elected" zu sprechen, ohne jedoch die Unterdrückung dieses Rechts mit Gewalt als Verstoß gegen das völkerrechtliche Gewaltverbot zu bezeichnen.

[60a] Die Resolution 2151 (XXI) der Generalversammlung spricht davon, das Volk von Zimbabwe führe einen „legitimate struggle to overthrow the illegal racist minority regime".

stellte, daß die „Lage", wie sie durch die Unabhängigkeits-
erklärung des von einer Minderheit getragenen und vom Standpunkt des großbritannischen Staatsrechts illegalen Regimes entstanden sei, eine Gefährdung des Friedens darstelle, erklärt er
in seinem Beschluß vom 16. 12. 1966 in eigenartiger Vermischung
der in Art. 34 und Art. 39 verwendeten Termini der Charta,
daß die „gegenwärtige Lage in Südrhodesien" eine *Bedrohung*
des internationalen Friedens und der internationalen Sicherheit
darstelle.[61] Die ausdrückliche Bezugnahme des Beschlusses auf
Art. 39 und 41 der Charta deutet darauf hin, daß der Sicherheitsrat — anders als die britische Regierung selbst — einen der
Tatbestände des Art. 39 als verwirklicht betrachtete, also unter
Kap. VII der Charta tätig werden wollte.[62] Während die Resolution vom 20. 11. 1965 die Mitglieder der UNO um die Einleitung von wirtschaftlichen Boykottmaßnahmen bittet, und die
Resolution vom 16. 12. 1966 solche gewaltlosen Sanktionen ver-
bindlich anordnet, ersucht schon die erstgenannte Resolution die
Regierung Großbritanniens, die Rebellion der rassischen Minderheit zu „ersticken", *fordert also selbst* zur Auslösung eines Befreiungskampfes in Gestalt *militärischer Gewaltanwendung*
gegen die — offenbar effektive — örtliche Regierung eines staatsähnlichen Gebildes auf. Obwohl dies ein Novum in der Geschichte der Vereinten Nationen darstellt, würde ich es allerdings
für voreilig halten, wenn man hier wieder einmal von einem
Wendepunkt in der Geschichte des Völkerrechts sprechen würde.
Vielmehr stellen die Rhodesien-Beschlüsse des Jahres 1966 im
Gesamtbild der Haltung der UN-Organe zum Gewaltverbot
einen bemerkenswerten Rückschritt dar: Haben 1956 die Organe
der UNO das Recht des ungarischen Volkes gegenüber einem

---

[61] Vgl. die Resolution No. 217 (1965).

[62] Als erstes UN-Organ hat der „Ausschuß der 24", obwohl kaum dafür
zuständig, sich mit der Möglichkeit der Gewaltanwendung gegen das Smith-
Regime in Rhodesien befaßt und hat Maßnahmen hiergegen ausdrücklich auf
Kap. VII der Charta stützen wollen (Beschluß vom 21. 4. 1966, A/AC
109/158). Widerspruch hiergegen wurde vorwiegend von Italien und Chile
eingelegt, während die Vereinigten Staaten und Großbritannien sich zurück-
hielten. Sodann hat die Generalversammlung in der Resolution 2151 (XXI)
den Sicherheitsrat zu Maßnahmen unter Kap. VII aufgefordert. Von einigen
Staaten, die sich dabei der Stimme enthielten, wurde der Standpunkt vertreten, daß Gewaltanwendung unter Kap. VII nur gegen „präzise" Gefähr-
dungen des Friedens bzw. nur nach erfolgloser Anwendung anderer Zwangs-
mittel zulässig sei.

vom Ausland unterstützten Regime einerseits auf dem Papier
der von einer Mehrheit der Unbeteiligten gefaßten Beschlüsse
anerkannt, andererseits aber diese Frage zurückgestellt, um der
für den Weltfrieden gefährlicheren Gewaltanwendung in der
Suez-Affaire ein Ende zu setzen, so faßten die UN-Organe
10 Jahre später Gewaltanwendung gegen eine „Situation" ins
Auge, deren Gefährlichkeit nicht in Vergleich gesetzt werden
konnte mit den gleichzeitigen Vorgängen in Vietnam, zu denen
auch die meisten der unbeteiligten Staaten in der UNO keine
Stellung genommen haben. Eine vollkommene Illusion aber wäre
es, wenn man glauben würde, die Organe der Vereinten Nationen
seien nunmehr entschlossen dafür zu sorgen, daß überall auf der
Welt das äußere und innere Selbstbestimmungsrecht und die Beseitigung von Minderheitsherrschaften notfalls durch eine von
den Organen der UN gesteuerte Anwendung bzw. Androhung
von Gewalt verwirklicht wird, oder sie seien gar mit einseitiger
Anwendung von Gewalt seitens einzelner anderer Staaten[63] zu
diesem Zweck einverstanden.

III.

Die Fragestellung, ob das völkerrechtliche Gewaltverbot auch
einen Bürgerkrieg oder nur gewisse Arten von Bürgerkriegen
erfaßt, und welche Rückwirkungen insbesondere die Konzeption
des gerechten Befreiungskrieges auf das internationale Kriegsverbot im engeren Sinne hat, ist lange zurückgetreten hinter einer
noch komplizierteren Problematik, nämlich der Frage, wann die
Beteiligung dritter Staaten an einem Bürgerkrieg, oder überhaupt
eine sogenannte Intervention in die Verhältnisse in einem anderen Staat, einen Vorgang darstellt, der seinerseits unter den Tatbestand der völkerrechtlich verbotenen Gewaltanwendung fällt.
Immer wieder kommt es vor, daß ein Staat einen anderen Staat
zu etwas veranlassen will, was die dort an der Macht befindliche
Regierung verweigert — sei es eine Gebietsabtretung, sei es der
Abschluß eines Vertrages, sei es eine bestimmte Politik gegenüber
dritten Staaten, sei es eine innerpolitische Maßnahme. Unter dem
Gewaltverbot steht fest, daß der begehrende Staat Zwang nicht
dadurch ausüben darf, daß er mit militärischer Gewalt in den
territorialen Besitzstand des anderen Staates eingreift, oder daß

---

[63] Vgl. darüber unten Anm. 72.

er die Mitglieder des fremden Regierungsapparates durch physische Gewalt persönlich unter Druck setzt; andererseits ist, wie früher bereits erwähnt,[64] legaler Zwang mit solchen Mitteln, die *nicht* militärische Gewaltanwendung gegen das Gebiet oder hoheitliche Einrichtungen des anderen Staates sind, keineswegs ausgeschlossen, insbesondere dann nicht, wenn das Verlangen auf die Erfüllung einer bisher nicht erfüllten völkerrechtlichen Verpflichtung gerichtet ist. Gehört es nun zu den legalen Mitteln der Durchsetzung von Ansprüchen im internationalen Verkehr, wenn der begehrende Staat mit solchen Mitteln, die nicht Gewaltanwendung in den eben erwähnten Formen darstellen, darauf hinzuwirken versucht, daß die Regierung in dem anderen Staat durch eine solche ersetzt wird, die gegenüber den Wünschen des ersten Staates gefügiger ist?

Im geltenden Völkerrecht spielt es für die Zulässigkeit einer Einwirkung auf die personelle Besetzung des Apparates der fremden Staatsgewalt selbst nicht nur eine Rolle, *was* erstrebt wird und aus welchem Grunde es erstrebt wird, sondern auch, mit welchen *Mitteln* eine solche Einwirkung auf das fremde Regime vor sich geht. Hierzu bietet sich ja ein breites Spektrum der allerverschiedensten Möglichkeiten an, angefangen bei der Berieselung des fremden Volkes mit politischen Ideologien, die letztlich zu einem Regierungswechsel führen können, über die finanzielle Unterstützung einer Oppositionspartei, bis zur Lieferung von Geld, Waffen und kampfwilligen Menschen an eine Partei in dem fremden Staat, die eine gewaltsame Machtübernahme plant oder bereits begonnen hat. Unabhängig von der Frage, welche dieser Mittel überhaupt völkerrechtlich erlaubt sind, kann man die Frage stellen, welche dieser Formen der Einwirkung auf das innere Regime eines anderen Staates gerade durch das völkerrechtliche Gewaltverbot erfaßt werden. Es gibt nicht nur, wie schon erwähnt, Ansätze dazu, jegliche *Druck*anwendung gegenüber einem anderen Staat als völkerrechtlich verbotene *Gewalt*anwendung zu qualifizieren, sondern es gibt vor allem in Lateinamerika Strömungen, welche nicht nur in die Satzung der Organisation der Amerikanischen Staaten, sondern auch in die Charta der Vereinten Nationen ein weitgefaßtes

---

[64] Vgl. S. 17 f.

*Interventions*verbot als gleichwertige Parallele zum Gewaltverbot hineinlesen oder gar mit dem Gewaltverbot identifizieren möchten. Die Resolution der Generalversammlung der Vereinten Nationen vom 21. 12. 1965 hat sich diese Gedanken weitgehend zu eigen gemacht.[65]

Sollen Gewaltverbot und Interventionsverbot gleichgestellt werden, so wird man vor allem wieder bedacht sein zu beweisen oder zu behaupten, daß dieselben *Sanktionen,* wie sie in der Charta für die Verletzung des Gewaltverbots vorgesehen sind, sich auch auf Verletzungen des Interventionsverbots beziehen. Wir konnten vorhin feststellen, daß man sich an den Begriff der Friedensbedrohung in Art. 39 der Charta klammert, um gegebenenfalls einen Bürgerkrieg, oder gar den eventuellen Anlaß zu einem Bürgerkrieg, als Auslösungstatbestand für Maßnahmen unter Kap. VII verstehen zu können. In ganz ähnlicher Weise klammert man sich an den ebenfalls in Art. 39 vorkommenden Begriff der Aggression, um zu erreichen, daß eine gegen das fremde Staatsregime als solche gerichtete Intervention gegenüber dem Intervenienten die Sanktionen des Kap. VII auslöst. Immer wieder wurde daher die *Intervention,* oder jedenfalls wurden bestimmte Arten der Intervention, als („indirekte") *Aggression* bezeichnet, um zu erreichen, daß der Art. 39 der Charta darauf angewendet werden kann. Gerade dazu hat der Sicherheitsrat als Hauptanwender des Art. 39 keine eindeutige Stellung bezogen.[66] Typisch für die Vermischung von Intervention und Aggression

---

[65] In der Resolution Nr. 2131 (XX) heißt es u. a., Intervention sei dasselbe wie Aggression; eine Verletzung des Interventionsverbots könne eine ernste Bedrohung der Aufrechterhaltung des Friedens sein.
In eigenartiger Weise werden in der Resolution No. 2160 (XXI) der Generalversammlung nebeneinander erwähnt: das Verbot der Gewaltanwendung, das fast mit denselben Worten wie in Art. 2 Ziff. 4 der Charta wiederholt wird, das Verbot der Intervention und das Verbot, die „fremder" Herrschaft unterworfenen Völker an der Verwirklichung ihres Selbstbestimnungsrechts zu hindern. Dabei wird aber der Gebrauch von Gewalt, um ein Volk seiner „nationalen Identität" zu berauben, als Verletzung eines „unveräußerlichen Rechts" und des Interventionsverbotes bezeichnet. Während der Kompromißcharakter der endgültigen Fassung dieser Resolution die Vereinigten Staaten und Frankreich für den Beschluß stimmen ließ, stimmte Großbritannien dagegen; die Stimmenthaltung einiger anderer Staaten (Belgien, Italien, Australien) wurde vor allem mit der unzureichenden Klarheit der völkerrechtlichen Aussagen dieser Resolution begründet.

[66] Vgl. unten S. 48.

ist aber die Formel des Besonderen Beratenden Ausschusses der Organisation der Amerikanischen Staaten für Sicherheitsfragen vom 5. November 1965[67]. Zur angemessenen Verteidigung der Demokratie in den Staaten der westlichen Hemisphäre sei es notwendig, daß die Intervention des Kommunismus in innere Angelegenheiten einer der amerikanischen Republiken als Aggression betrachtet werden, da sie eine Bedrohung der Sicherheit der ganzen Hemisphäre darstelle. Selbst wenn aber intensive Bestrebungen zum Sturz des bisher herrschenden Regimes in einem anderen Staat eine indirekte „Aggression" gegen den betroffenen Staat sein können, so sind sie keineswegs auch schon stets als ein „bewaffneter Angriff" durch den intervenierenden Staat zu betrachten, gegen welchen eigenmächtige Selbstverteidigungsmaßnahmen, sowie das bewaffnete Eingreifen anderer Staaten zwecks kollektiver Selbstverteidigung, zulässig wären, Maßnahmen, die ja dann auch zu militärischen Operationen gegen das eigene Staatsgebiet des intervenierenden Staates führen könnten.[68]

Wer den bewaffneten Angriff zwischen souveränen Staaten, bzw. verbotene Gewaltanwendung im Verhältnis zwischen staatsartigen Gebilden, darin sehen will, daß der bislang ungestörte Besitzstand zwischen Staaten durch militärische Operationen verändert wird, für den wird der Versuch, das Regime in einem Staat durch Unterstützung einer Bürgerkriegspartei in einem Staat zu stürzen, dann zu einem „bewaffneten Angriff", wenn Streitkräfte, die dem Intervenienten zugerechnet werden müssen, auf dem Gebiet des anderen Staates operieren, insbesondere dort Kampfhandlungen vornehmen. Die Schwierigkeit liegt hier vor allem darin, bei Teilnehmern an militärischen Operationen, die nicht offen „für" den intervenierenden Staat handeln, sondern einer „örtlichen" Bürgerkriegsarmee anzugehören scheinen, Entsendung und Leitung durch den intervenierenden Staat nachzuweisen, oder gar nachzuweisen, daß die örtliche Bürgerkriegsarmee in Wirklichkeit auf Weisung des Intervenienten hin tätig wird. Wer hingegen im Sinne der Idee vom gerechten Befreiungskampf verbotene Gewaltanwendung in jeder gewalt-

---

[67] Doc. OEA/Ser. L/X/II. 9.

[68] Inwieweit sonstige gewaltsame Maßnahmen (z. B. Blockaden) gegen eine indirekte Aggression durch Intervention, die nicht als bewaffneter Angriff gilt, zulässig sind, ist wenig geklärt.

samen Unterdrückung einer gerechten politischen Bewegung in einem Staat, und erlaubte Gewaltanwendung in jeder Aktion dieser Bewegung selbst sieht, der erklärt umgekehrt nicht nur die offene Unterstützung des Unterdrückerregimes in militärischen Kämpfen durch Dritte als Teilnahme an verbotener Gewaltanwendung, sondern versucht ebenfalls möglichst, eine der kämpfenden Gruppen in einem Staat wegen der ihr durch einen dritten Staat geleisteten Unterstützung als Werkzeug dieses fremden Staates hinzustellen, um damit wieder die Rechtfertigung des Freiheitskampfes gegen „fremde" Unterdrückung zu unterstreichen. Begehen in den Augen der Vereinigten Staaten die „infiltrierten" nordvietnamesischen Truppen einen bewaffneten Angriff,[69] oder gelten für die Amerikaner die kämpfenden Vietcong als „Agenten" des Angreiferstaates Nordvietnam, so läßt umgekehrt jegliche Stützung des Regimes in Saigon gegen dessen Feinde in Südvietnam die Amerikaner in den Augen der Sowjets und der Nordvietnamesen als neokolonialistische Unterdrücker und den Staatsapparat des Saigon-Regimes als ihr Werkzeug, und das Ganze seinerseits als Verstoß gegen das völkerrechtliche Gewaltverbot erscheinen. Ob die Unterstützung des Vietcong durch Nordvietnam von diesem letzten Standpunkt her als Hilfe leistende (kollektive) Selbstverteidigung gegen einen „bewaffneten Angriff" der Vereinigten Staaten, oder ob sie kollektive Selbstverteidigung gegen „sonstige" verbotene Gewaltanwendung ist, oder ob sie dadurch gerechtfertigt wird, daß das geteilte Vietnam eben doch als *ein* Land, und das vietnamesische Volk als *ein* Volk gilt[70], das wird dabei etwas im unklaren gelassen. Es stellt aber geradezu das Spiegelbild dieser Argumentation dar, wenn nach einer innerhalb der Organisation der Amerikanischen Staaten zum Ausdruck gekommenen Auffassung die Betätigung kommunistischer und von Sowjetrußland oder Rotchina unterstützter Kräfte im Inneren eines dieser Staaten bereits eine „Aggression" gegenüber den *anderen* noch nicht kommunistisch beeinflußten amerikanischen Staaten sein soll.

---

[69] Vgl. insbesondere das Legal Memo. vom 4. 3. 1966, State Dep. Bull. vom 28. 3. 1966, S. 475.

[70] Schon die Erinnerung an den amerikanischen „Bürgerkrieg" verschafft diesem Gedanken auch im Kreis der amerikanischen Kritiker der amerikanischen Politik in Vietnam Anhänger.

Da die Organe der Vereinten Nationen, wie vorhin darge-
stellt, der Idee des gerechten Befreiungskampfes schon erheblich
entgegengekommen sind, haben sie auch schon Gewaltanwendung gutgeheißen, um Dritte an der Unterstützung eines „Unterdrücker"-regimes zu hindern.[71] Indes scheint man noch Bedenken
zu haben, das Gewaltverbot gerade zwischen Staaten so weit zu
lockern, daß die eigenmächtige offene Unterstützung einer Menschengruppe, die einen „gerechten" Befreiungskampf führt, durch
einen anderen selbständigen Staat als kollektive Selbstverteidigung gegen einen „bewaffneten Angriff" des Unterdrückerregimes gebilligt werden müßte.[72]

In Vietnam haben sich auch die Vereinigten Staaten nicht ent-
schließen können, der sowjetischen Idee des gerechten Befreiungskampfes einfach die Idee des gerechten — defensiv oder aggressiv

---

[71] Der 11-Staaten-Vorschlag im 1966er Ausschuß (vgl. Anm. 4) erkennt
das Recht der „Völker" zur Selbstverteidigung gegen Kolonialherrschaft als
nicht vom Gewaltverbot betroffen an; er will gleichzeitig bestimmen lassen,
daß „Völker und Gebiete", die unter Kolonialregierung stehen, nicht als inte-
grierende Bestandteile des betreffenden Staates gelten sollen. Damit soll
offenbar bestätigt werden, daß dritte Staaten dem Kolonialvolk Selbstver-
teidigungshilfe beim Befreiungskampf gewähren dürfen. Interessant ist auch,
daß die Resolution No. 2151 (XXI) Großbritannien im Verhältnis zu Rhodesien als „verwaltende Macht" bezeichnet.

[72] Die Interventions-Resolution der Generalversammlung der Vereinten
Nationen vom 21. 12. 1965 (oben Anm. 65) verlangt einerseits die Achtung
des Selbstbestimmungsrechts aller Völker, welches „frei ohne fremden Druck"
ausgeübt werden solle, und verurteilt andererseits generell und ausnahmslos
die Förderung oder Unterstützung subversiver oder bewaffneter Aktionen
zum gewaltsamen Sturz des Regimes in einem Staat. — Wenn die Resolution
des Sicherheitsrats vom 20. 11. 1965 (vgl. Anm. 61) die Organisation der
afrikanischen Einheit (der Rhodesien nicht angehört) auffordert, die Vereinten Nationen bei der Verwirklichung ihrer Beschlüsse über Rhodesien zu
unterstützen, so bezieht sich dies — im Gegensatz zu der später an Großbritannien gegebenen Ermächtigung, Öltransporte nach Rhodesien mit Gewalt
zu verhindern — wohl nicht auf militärische Maßnahmen. In der Goa-
Angelegenheit behauptete Indien, es habe berechtigterweise zur Verwirklichung des Selbstbestimmungsrechts der Goanesen Gewalt gegenüber Portugal
angewendet; eine Verurteilung von Indien durch den Sicherheitsrat scheiterte
jedoch nicht an diesem Argument, sondern an dem sowjetischen Veto. Umgekehrt haben Mitglieder der Regierung von Pakistan den in der Taschkent-
Erklärung bestätigten Gewaltverzicht zwischen Indien und Pakistan ein-
schränken wollen durch den Hinweis darauf, daß Art. 51 der UN-Charta das
„letzte Recht einer Nation, ihren Freiheitskampf zu führen", gewährleiste;
so eine Erklärung des Außenministers Bhutto vom 15. 1. 1966. Kaschmir kann
dabei als Teil der Nation Pakistan, oder auch als selbständiges Volk gedacht
sein.

geführten — Kampfes zur Sicherung der Freiheit des Einzelnen
gegenüber allen nicht freiheitlichdemokratischen Kräften ent-
gegenzusetzen, und zugleich ein Recht Dritter zur Unterstützung
dieser Bestrebungen mit Waffengewalt zu behaupten, obwohl die
Beschlüsse der Generalversammlung der Vereinten Nationen im
Ungarn-Fall[73] dazu durchaus eine Basis hätten abgeben können.[74]
Vielmehr wird in der amerikanischen Argumentation versucht,
die Intervention zugunsten einer Bürgerkriegspartei gegen den
Vorwurf der Verletzung des Gewaltverbots durch andere zu-
sätzliche juristische Argumente zu rechtfertigen.

So soll vor allem die militärische Intervention auf das Einverständnis „der Regierung" desjenigen Landes gestützt werden
können, in dem sich der Bürgerkrieg abspielt (intervention by
invitation). Dabei ist aber offensichtlich zwischen dem Fall zu
unterscheiden, daß die Regierung, die die Erlaubnis zu zukünftigen Interventionen gibt, die einzige Regierung in dem betreffenden Staat ist, und dem Fall, wo der Regierung, die die Interventionserlaubnis gibt, schon eine rivalisierende Gegenregierung
gegenübersteht. Bei dem letzteren Fall haben wir zunächst
wieder die schon erwähnte Situation auszuklammern, daß jede
der beiden rivalisierenden Regierungen bestimmte Teile des Landes, das früher einheitlich regiert war, schon eine Zeitlang wie
einen selbständigen Staat beherrscht: Gilt dann für solche staats-
ähnliche Staatsteile unter sich das allgemeine völkerrechtliche
Verbot aggressiver Gewaltanwendung, so ist die Unterstützung
des Angegriffenen durch dritte Staaten, die auch Gegenstand
einer vertraglichen Verpflichtung oder eines Hilfebegehrens sein

---

[73] Vgl. oben S. 39.

[74] Das beruht kaum darauf, daß man den im Text angedeuteten Gedanken
für vollkommen indiskutabel hielt, sondern geht offenbar darauf zurück, daß
die Regierung in Südvietnam selbst freien Wahlen aus dem Wege gehen
wollte, und daß große Teile der Bevölkerung, auch wenn sie nicht Anhänger
des Vietcong sind, das bestehende Regime ablehnen. — Vielleicht noch inter-
essanter ist es, daß die Vereinigten Staaten weder einen gewaltsamen Sturz
des Castro-Regimes in Kuba durch Kubaner, noch die Unterstützung eines
solchen Unternehmens durch andere amerikanische Staaten als eine konse-
quente Durchführung der Haltung der Organisation der Amerikanischen
Staaten gegenüber dem Kommunismus (vgl. oben Anm. 67) angesehen haben.
In diesem Zusammenhang ist es von Interesse nachzulesen, daß schon Jessup,
The International problem of governing mankind, 1947, S. 33 ff., den Plan,
die Vereinigten Staaten sollten Griechenland und der Türkei eine demokra-
tische Staatsform garantieren, abgelehnt hat.

kann, zulässige kollektive Selbstverteidigung, während umgekehrt die Unterstützung des Aggressors Teilnahme an verbotener
Gewaltanwendung auch seitens des Bundesgenossen ist.

Handelt es sich aber nicht um Kämpfe zwischen staatsartigen,
insbesondere mit klar getrennten Herrschaftsgebieten versehenen,
Teilgebilden in einem ursprünglich einheitlich regierten Staat, so
kann die Zulässigkeit der Intervention eines dritten Staates in
einen Bürgerkrieg sicher nicht darauf gestützt werden, daß er nur
eine der um die Herrschaft über den ganzen ursprünglich einheitlichen Staat kämpfenden Regierungen anerkennt und sich von
ihr die Erlaubnis zur Intervention hat geben lassen. Es kann
unmöglich so sein, daß zwei Mitgliedstaaten der UN dadurch in
einen nicht vom Gewaltverbot erfaßten Krieg unter sich geraten,
daß jeder von ihnen eine andere der rivalisierenden Bürger-
kriegsregierungen anerkennt und sich von ihr die Erlaubnis zur
militärischen Intervention geben läßt. Daher bleibt wohl für die
Bewertung der Intervention Dritter in den Bürgerkrieg, der nicht
zwischen staatsartigen Gebilden geführt wird, wenn sie zugleich
am Gewaltverbot gemessen werden soll, nur ein entsprechendes
Kriterium, wie es auch für den direkten Krieg zwischen den
intervenierenden Dritten gelten würde: Wer als erster militärische Gewalt außerhalb des eigenen Besitzstandgebietes anwendet, ist der Aggressor; wer als erster in einem Bürgerkrieg, und
sei es auch mit Erlaubnis einer der beiden rivalisierenden Bürger-
kriegsregierungen, die Gewaltanwendung seitens einer Partei
fördert oder sich gar an ihr mit eigenen militärischen Kräften
beteiligt, macht sich verbotener Gewaltanwendung schuldig,[75]
und Dritte können ihm in rechtmäßiger Ausübung der kollektiven Selbstverteidigung entgegentreten.

---

[75] Während die sowjetische Intervention in Ungarn wegen des sowjetischen
Vetos nicht Gegenstand von Beschlüssen des Sicherheitsrats werden konnte,
hat die Generalversammlung in der Resolution vom 5. 11. 1956 Nr. 1004
(ES II) die Handlungsweise der Sowjetunion als „bewaffneten Angriff auf
das ungarische Volk" bezeichnet. In der Resolution Nr. 1131 (XI) wird der
Gebrauch bewaffneter Gewalt gegen das ungarische Volk als Verletzung der
politischen Unabhängigkeit des ungarischen Staates bezeichnet; die Resolution Nr. 1127 (XI) nimmt ausdrücklich Bezug auf Art. 2 Ziff. 4 der Charta.
Schon Jahre vorher hatte die Generalversammlung die Unterstützung der
kommunistischen Rebellen in Griechenland durch die sowjetischen Nachbar-
staaten verurteilt, ohne sie allerdings juristisch genauer zu qualifizieren. Zu
der Behandlung der Frage der „indirekten Aggression" durch die Organe der
Vereinten Nationen vgl. ferner Higgins, a. a. O., S. 191 ff.

Auf den ersten Blick scheint eine militärische Intervention
Dritter in einen Bürgerkrieg legalisiert und von dem Vorwurf
der unzulässigen Gewaltanwendung glatt entlastet zu sein, wenn
die Erlaubnis zur Intervention von einer Regierung erteilt
wurde, die im Zeitpunkt der Erteilung der Erlaubnis überhaupt die *einzige* Regierung des betreffenden Landes war. Eine
solche antizipierte Interventionserlaubnis durch die rivalenlose
Regierung kann nun verschiedene Formen haben, und je nachdem
sind daraus wieder verschiedene Schlüsse zu ziehen: Würde sich
ein Staat von der alleinigen Regierung eines Landes in einem
Vertrag versprechen lassen, daß er im Fall von Unruhen oder
Bürgerkriegen militärisch intervenieren dürfe, daß es aber in
seinem Ermessen steht, zu wessen Gunsten er interveniert, so
würde damit nach einer verbreiteten Meinung die Unabhängigkeit, ja sogar die Staatsqualität des Landes, das Interventions-
objekt sein soll, in Frage gestellt. Meist werden allerdings vertragliche Interventionsrechte so beschaffen sein, daß nur zugunsten eines bestimmten politischen Regimes bzw. zur Gewähr-
leistung einer bestimmten Verfassung interveniert werden darf.
Ob ein solches vertragliches Interventionsrecht, wenn es von der
allein effektiven Regierung eines Landes vorweg gewährt worden
ist, wirklich vor dem Vorwurf völkerrechtlicher Gewaltanwendung sichert, ist aber nicht unzweifelhaft. Eine Interventionserlaubnis der alleinigen früheren Regierung rechtfertigt die
Intervention nicht mehr, wenn die Aufständischen bereits auf
einem Teil des Staatsgebiets einen effektiven Neustaat ins Leben
gerufen haben; politische Verträge der alten Regierung des Reststaates vermögen ja den durch Sezession gebildeten Neustaat
nicht zu binden. Aber auch wenn es noch nicht zur effektiven
Entstehung eines Neustaates gekommen ist, stellt sich jedenfalls
für diejenigen Staaten, welche Mitglieder der Vereinten Nationen sind, die grundsätzliche Frage, ob ein von wenigen Staaten
abgeschlossener Vertrag die Signatare von dem in der UN-
Charta niedergelegten Verbot der Gewaltanwendung dispen-
sieren kann. Man braucht gar nicht die allgemeine Frage nach
der Existenz eines jus cogens innerhalb der Völkerrechtsordnung
aufzuwerfen, um zu erkennen, daß es einen Dispens gerade vom
Gewaltverbot durch zweiseitige Verträge nicht geben kann; nicht

bloß der Angegriffene, sondern alle anderen Staaten in der Welt haben ein „Recht" auf Unterlassung der vom allgemeinen Völkerrecht verbotenen Gewaltanwendung, weil ihre eigenen Interessen hiervon nicht unberührt bleiben. Es ist also nicht anzunehmen, daß es unter der Charta zulässig wäre, daß zwei Mitglieder der Vereinten Nationen, wenn sie beide kriegswillig sind, sich förmlich dahin einigen dürften, ihre Gegensätze unter Gewaltanwendung in einem kriegerischen Duell auszutragen. Ebensowenig ist aber anzunehmen, daß es zulässig sein kann, daß ein Staat durch eine antizipierte Erlaubnis die Gewaltanwendung seitens des anderen in Gestalt der Intervention in einen zukünftigen Bürgerkrieg rechtfertigen könnte, insbesondere wenn dieser Bürgerkrieg dann selbst aus den oben[76] erwähnten Gründen von dem völkerrechtlichen Gewaltverbot erfaßt wird.[76a] Daher ist nicht ohne Grund angezweifelt worden, ob die Türkei aus dem Zypernvertrag ein Recht ableiten könnte, in Zypern zur Sicherung der vertraglich festgelegten Verfassung mit militärischer Gewalt zu intervenieren.

Offenbar sind es diese Bedenken, die vor allem die Vereinigten Staaten veranlaßt haben, eine militärische Intervention Dritter zur Aufrechterhaltung eines bestimmten Regimes in einem Staat nicht nur auf das antizipierte Einverständnis der früheren alleinigen Regierung des betroffenen Staates zu stützen, sondern zu behaupten, daß *Regional*abkommen einer Mehrheit von Staaten eine solche Dispensation vom Verbot der gewaltsamen Intervention vorsehen könnten. Die juristische Argumentation, mit der z. B. die Intervention in San Domingo begründet wurde, geht infolgedessen dahin, daß die Mitglieder der Organisation der Amerikanischen Staaten zunächst einmal durch die Satzung dieser Organisation verpflichtet seien, ein Verfassungsregime der indirekten Demokratie, und jedenfalls kein kommunistisches Regime, und kein solches, das dem Kommunismus Vorschub leistet, zu haben. Wird nun gegen diese Verpflichtung aus dem Regionalpakt verstoßen — und ein Verstoß liegt vor, auch wenn das alte

---

[76] Vgl. S. 32 ff.

[76a] Ecuador regte in der Generalversammlung der UNO im November 1966 eine juristische Untersuchung darüber an, wann die Besetzung eines Staates durch Truppen eines anderen Staates auf Einladung der Regierung des ersten Staates eine Verletzung des Art. 2 Ziff. 4 der Charta darstelle.

Regime noch gegen das neue kommunistische Regime kämpft —,
so sollen angeblich durch Beschluß der zuständigen Organe der
Organisation der Amerikanischen Staaten gegebenenfalls auch
militärische Interventionen stattfinden, möglicherweise sogar eine
schon einseitig vorgenommene Intervention eines einzelnen Staates nachträglich legalisiert werden können. Daß bei der kollektiven Verteidigung der Demokratie in der westlichen Hemisphäre
offenbar auch von den Vereinigten Staaten keineswegs konsequent verfahren worden ist,[77] interessiert uns hier nicht so sehr
wie die Frage, ob wirklich ein Regionalpakt das rechtfertigen
kann, was ein Zweistaatenvertrag nicht kann. Es mag bemerkt
werden, daß der Gedanke, Regionalpakte könnten die Rechtsgrundlage für eine — möglicherweise sogar präventive! — Intervention in Bürgerkriege abgeben, zu einer Zeit aufgetaucht ist,
wo die Krise im Sowjetblock es als unwahrscheinlich erscheinen
läßt, daß dort eine entsprechende Intervention auf Anordnung
der Regionalpaktorgane zur Sicherung der sogenannten sozia-
listischen Legalität in einem Staat des Sowjetblocks — also eine
Intervention, wie sie etwa in Ungarn seinerzeit schon durch
Sowjetrußland allein stattgefunden hat — eine förmliche Rechtfertigung durch einen Vertrag erfahren könnte; da die Sowjets
und einige andere Staaten einerseits bestrebt sind, die Tür
für Anordnungen von Gewaltanwendung seitens der UN aus
irgendwelchen Gründen offen zu halten (wobei Gegensätze nur
darüber bestehen, ob als zuständiges Organ nur der Sicherheitsrat oder auch die Generalversammlung gelten sollen), richten sie
andererseits ihre Kritik nicht prinzipiell gegen die Lockerung des
Gewaltverbots durch Vereinbarungen im Rahmen einer internationalen Organisation, sondern verlangen nur, daß die regionalen Organisationen im Einzelfall durch das zuständige UN-
Organ zur Aktion ermächtigt werden.

Die Verwendung der Regionalpakte zur Ausschaltung eines
universalvölkerrechtlichen Verbots der gewaltsamen Intervention
im Interesse eines bestimmten politischen Systems entspricht einer
auch sonst zu beobachtenden Tendenz, die den regionalen Orga-

---

[77] Kritisch zur amerikanischen Politik in dieser Hinsicht äußert sich Slater,
A revaluation of collective security, 1965.

nisationen eine Zwitterstellung zwischen Völkerrecht und staatlichem Recht zu verschaffen bestrebt ist, eine Stellung, die es ihnen u. a. auch ermöglichen soll, sich gegenüber universalen Organisationen je nach Bedarf auf den staatsrechtlichen oder völkerrechtlichen Charakter der Maßnahmen innerhalb der regionalen Organisation zu berufen. Steht nun aber fest, daß die Gewaltanwendung im Verhältnis zwischen staatsartigen Bestandteilen eines ursprünglich einheitlichen Staates, sobald sie einmal de facto bestehen, vom allgemeinen völkerrechtlichen Gewaltverbot erfaßt werden, und daß in diesem Fall der völkerrechtlichen Mißbilligung der Gewaltanwendung nicht entgegengehalten werden kann, daß in Gestalt der *früher* bestehenden verfassungsrechtlichen Einheit des ganzen Staates eine Rechtsgrundlage für die Unterdrückung der verfassungswidrigen Bestrebungen durch Gewalt gegeben sei, so kann schlecht behauptet werden, eine *vertragliche* Bindung der Verfassung des Staates gegenüber einer regionalen Organisation — also eine rechtliche Bindung in einer Föderation — vermöge solche Gewaltanwendung samt der Intervention Dritter zu rechtfertigen.

Wollte man annehmen, die Völkerrechtsordnung ermögliche es, daß jede Gruppe von Staaten sich durch die zufällig in einem bestimmten Zeitpunkt dort vorhandenen Regierungen zur Aufrechterhaltung je eines bestimmten innerpolitischen Systems verpflichten, und dabei den Mitgliedern einer Gruppe ein Recht zur gewaltsamen Intervention in einem dieser Staaten einräumen könne, falls das betreffende innerpolitische System beseitigt oder gar gefährdet wird, so wäre auch nicht einzusehen, warum das Recht zur gewaltsamen Erzwingung irgendwelcher anderer völkerrechtlicher Verpflichtungen ausgeschlossen sein sollte, die sich nicht auf die *innere Verfassung* der einzelnen Staaten beziehen. Wir haben aber vorhin[78] Übereinstimmung darüber festgestellt, daß die Durchsetzung von völkerrechtlich begründeten Ansprüchen, die nicht auf die Unterlassung verbotener Gewaltanwendung gerichtet sind, nicht als ausreichender Grund zur Anwendung von Gewalt angesehen wird. Kann auch auf diesem Sektor das universalvölkerrechtliche Gewaltverbot, auf dessen

---

[78] Vgl. S. 15 f.

Befolgung alle dritten Staaten und jeder einzelne dritte Staat einen Anspruch haben, nicht durch Sondervereinbarungen gelockert werden, so kann es auch keine vertragliche Unterwerfung unter eine mit Gewaltanwendung verbundene Zwangsvollstreckung durch eine regionale Organisation geben.[79]

Gerade für solche Fälle, in denen der Bürgerkrieg nicht aus einem der oben erwähnten Gründe dem internationalen Krieg im engeren Sinne gleichgestellt wird, wo er aber als objektive Friedensgefährdung von den übrigen Staaten mißbilligt wird, ohne daß einer der Bürgerkriegsparteien der Vorwurf des Angriffs, oder dem betreffenden Staat als ganzem der Vorwurf fahrlässiger Duldung der Entstehung einer Friedensgefährdung gemacht wird, ist vor einigen Jahren der Gedanke aufgetaucht, daß eine internationale Organisation, sei es insbesondere die Organisation der Vereinten Nationen, oder sei es mit ihrem Einverständnis auch eine regionale Organisation, vielleicht sogar einzelne unbeteiligte Staaten, durch Entsendung von Truppen dem Bürgerkrieg als solchem ein Ende bereiten könnten, *ohne* damit auf den Ausgang des politischen Konflikts, der dem Bürgerkrieg zugrunde liegt, einzuwirken.[80] Von einer kollektiven Intervention zwecks Befriedung eines Staates, in dem ein Bürgerkrieg ausgebrochen ist,

---

[79] Man kann auch nicht mit Mahnke, a. a. O., S. 172, argumentieren, daß es jeder regionalen Organisation freistehe, den Aggressionsbegriff nach Belieben zu erweitern. — Die Versuche, der Organisation der Amerikanischen Staaten das Recht zu verschaffen, militärische Maßnahmen gegen einen Mitgliedstaat aus allen möglichen Gründen anzuordnen, knüpfen an an die Bestimmungen der Art. 6 und 8 der Satzung der Organisation, welche als letztes Mittel den Waffengebrauch auf Grund einer Ermächtigung durch die Organisation vorsieht, falls Unverletzlichkeit, territoriale Integrität, Souveränität oder politische Unabhängigkeit in einem Mitgliedstaat durch eine nicht in einem bewaffneten Angriff bestehende Aggression *oder* durch irgendein anderes Ereignis beeinträchtigt sind, welches geeignet ist, den Frieden in der Hemisphäre zu gefährden. Daß es bedenklich ist, die Feststellung einer Friedensgefährdung als Sache eines unbeschränkten politischen Ermessens aufzufassen, wurde oben Anm. 31 schon angedeutet.

[80] Eine tiefgreifende Störung der friedlichen internationalen Beziehungen im weiteren Sinne durch Ereignisse in einem Staat, die nicht mit dem Vorwurf einer Völkerrechtsverletzung an die Regierung dieses Staates verbunden werden kann, könnte auch z. B. durch Wirtschaftskrisen u. ä. ausgelöst werden. Eine „Zwangsheilung" des betreffenden Staates durch gewaltsame Intervention einer internationalen Organisation ist hierfür noch nicht zur Debatte gestellt worden.

mit dem eben erwähnten Ziel ist in der Charta der Vereinten
Nationen sicher nirgendwo ausdrücklich die Rede. Dennoch ist
vor allem in der Kongo- und Zypern-Angelegenheit die Intervention der Vereinten Nationen mit Streitkräften, die von einzelnen Mitgliedstaaten gestellt wurden, deren Einsatz aber einem
UN-Organ oblag, und die Zielsetzung dieser Intervention
— nämlich Herstellung von „Ruhe und Ordnung" — offenbar
in Analogie dazu zustande gekommen, daß in den eigentlichen
internationalen Streitigkeiten Ziel des Gewaltverbots und der
zur Sicherung seiner Befolgung erfolgenden Maßnahmen die Er-
haltung bzw. Wiederherstellung des friedlichen Besitzstandes
ist.

Im Kongo erhielt indes die intervenierende Truppe alsbald
den spezifischen Auftrag, die staatliche Einheit des Kongo gegenüber Sezessionsbestrebungen zu sichern.[80a] Ruhe und Ordnung in
einem Staat können auch kaum als wiederhergestellt betrachtet
werden, wenn zwar die Kampfhandlungen aufhören, aber insbesondere die unteren Staatsorgane nicht wissen, wessen Weisun-
gen sie befolgen sollen. Wird die Wiederherstellung der Ruhe so
verstanden, daß die Macht der zentralen Staatsgewalt, so wie
sie vor Ausbruch der Kämpfe bestand, wiederhergestellt werden
soll, so hat eine derartige Intervention letzten Endes eben doch
eine Parteinahme zugunsten des alten Regimes zum Inhalt.[80b]
Die befriedende Intervention in einen Bürgerkrieg ist aber auch

---

[80a] Vgl. oben Anm. 59. Es darf jedoch nicht unerwähnt bleiben, daß diejenige Regierung im Kongo, die als einzige behauptete, die Regierung für
den ganzen Staat zu sein, ihre Zustimmung zu der Entsendung der UN-
Truppen auf das Staatsgebiet gegeben hatte, und daß die Sezessionsbestrebungen in Katanga offenbar von anderen Staaten unterstützt wurden, deren
„Intervention" von den UN-Organen ausdrücklich mißbilligt wurde, wenn
sie auch nicht als verbotene Gewaltanwendung oder als bewaffneter Angriff
hingestellt wurde.

[80b] Im Palästina-Konflikt hätte eine Aktion mit „neutralen" Streitkräften
innerhalb des Mandatsgebietes gar nicht auf die Wiederherstellung einer bestehenden staatlichen Ordnung nach Maßgabe einer schon vorhandenen staatlichen Verfassung gehen können. Der von der Generalversammlung gebilligte
Teilungsplan hatte die Anwendung militärischer Gewalt zur Sicherung dieses
Plans ins Auge gefaßt, indem der Sicherheitsrat durch den Beschluß der Generalversammlung vom 28. 11. 1947, Nr. 181 (II), aufgefordert wurde, Versuche, mit Gewalt die vorgesehene Regelung zu ändern, als einen der Tatbestände des Art. 39 der Charta zu behandeln. Der Sicherheitsrat hat jedoch
niemals einen dahingehenden Beschluß gefaßt.

dann nicht von einer Parteinahme für eine der Bürgerkriegsparteien frei, wenn die intervenierenden Kräfte zwecks Beruhigung
Neuwahlen vornehmen lassen, denn schon die Entscheidung über
das Wahlsystem kann sich ja für oder gegen eine der Bürgerkriegsparteien auswirken. Die Einsicht, daß solche Eingriffe in
die inneren Verhältnisse sich unvermeidlich auf die Chancen der
Bürgerkriegsparteien selbst auswirken, liegt offenbar auch der
Haltung der Organisation der Amerikanischen Staaten in der
San Domingo-Sache zugrunde, wo die Anwesenheit der Truppen
der Organisation schließlich damit erklärt wurde, sie habe die
Förderung der „Versöhnung" zwischen den kämpfenden Parteien
im Lande zum Ziel, was in der Tat dann auch zu einem „Vertrag" der feindlichen Gruppen führte.[81]

Man könnte die Frage stellen, ob das Völkerrecht nicht in
Gestalt des äußeren und inneren Selbstbestimmungsprinzips schon
über das Allheilmittel für die Zwangsheilung eines an inneren
Kämpfen erkrankten Staates verfügt, von dessen Krankheit be-
fürchtet wird, daß sie auch den Frieden in anderen Staaten gefährdet. Gerade hier zeigt sich aber, daß die Auffassungen über
die Tragweite des Selbstbestimmungsrechts im einzelnen noch
weit auseinandergehen. Mit dem Schlagwort der „freien Wahlen"
wird nicht selten darüber hinweggetäuscht, daß es ja die verschiedensten Wahlsysteme gibt, und daß die Bevorzugung des
einen oder des anderen von entscheidender Bedeutung für das
Kräfteverhältnis sein kann, mit dem die verschiedenen Gruppen
in dem gewählten Staatsorgan vertreten sind.[82] Wenn daher die
Südrhodesien-Resolution des Sicherheitsrats einerseits die Über-
nahme der Staatsgewalt durch eine rassische Minderheit als rechtlich wirkungslos erklärt, und wenn sie andererseits Großbritannien auffordert, gegebenenfalls mit Gewalt dafür zu sorgen,

---

[81] Vgl. die „Akte der dominikanischen Wiederversöhnung" vom 31. 8. 1965,
Int. Leg. Mat. Bd. 4, S. 1150. Vergleiche aber auch die Stellungnahme der
Generalversammlung der UNO zu etwaigen „arrangements" zwischen Groß-
britannien und dem illegalen Regime in Rhodesien in der Resolution No. 2151
(XXI).

[82] Der „Ausschuß der 24" fordert in einer Resolution vom 15. 6. 1966
(A/AC 109/179) für Aden Unabhängigkeit mit einem „repräsentativen
Regime" auf Grund von Wahlen mit allgemeinem Stimmrecht aller Erwach-
senen, spricht sich aber mit keinem Wort über das Wahlsystem aus.

damit *das* „Volk von Südrhodesien"[83] über seine Zukunft ent-
scheiden könne, so sagt sie doch nicht, in welchen Rechtsformen
diese Entscheidung erfolgen müßte. Noch weniger könnte ein
Organ der UN etwas darüber aussagen, wie *die* Völker von
Südvietnam bzw. Nordvietnam (oder aber *das* Volk von ganz
Vietnam[84]) sich eine Staatsgewalt zu bilden hätten, von der ange-
nommen werden kann, daß sie sowohl den Anforderungen des
Selbstbestimmungsprinzips entspricht, als auch eine Situation
beendet, die offenbar mehr als die Situation in Rhodesien eine
Störung oder Gefährdung des internationalen Friedens darstellt.

Genauso wie sich die sowjetischen Politiker und Völkerrechtler
schon bei der Frage, welche Menschengruppen das Recht haben
sollen, gegebenenfalls einen gerechten Befreiungskrieg zu führen,[85] in den Nebel der Unbestimmtheit hüllen, so bleiben auch
ihre Äußerungen über die Frage, wie das völkerrechtliche Recht
der inneren Selbstbestimmung im einzelnen verwirklicht werden
muß, dunkel. Wie sehr es aber auch in der westlichen Welt an der
Fähigkeit (vielleicht auch dem Willen) mangelt, die Notwendig-
keit einer Klärung der einzelnen Elemente des Selbstbestimmungsrechts zu erkennen, damit das Selbstbestimmungsrecht als
praktikabler Rechtssatz auch gewaltverhütend wirksam sein
kann, das wurde mir vor einiger Zeit an der Äußerung eines
westdeutschen Diplomaten deutlich, der die Maßnahmen Indiens

---

[83] In Einwanderungsländern ensteht dabei die Frage, wer denn überhaupt
zu dem „Volk" gehört, dem das Selbstbestimmungsrecht zukommt. Der „Ausschuß der 24" spricht in einer Resolution vom 31. 5. 1966 (A/AC 109/167)
von dem „Volk von Zimbabwe", während die Resolution des Sicherheitsrats
vom 20. 11. 1965 (vgl. oben Anm. 61) von dem Volk von Südrhodesien
spricht, also offenbar die weißen Siedler einschließt. Eine Resolution des
Ausschusses der 24 über Südwestafrika vom 9. 6. 1966 (A/AC 109/177) verurteilt die Einwanderung von Fremden nach Südwestafrika als Verletzung
der Rechte der eingeborenen Bevölkerung. Die Resolution der Generalversammlung über Tibet (vgl. oben S. 39) spricht nur von der Unterdrückung des
besonderen kulturellen und religiösen Lebens des tibetanischen Volkes; auch
die Beschlüsse der Generalversammlung der Vereinten Nationen über
Palästina äußerten sich nicht zu dem Problem der Einwanderung.
[84] Vgl. oben Anm. 50.
[85] Der Umstand, daß das Gruppenbewußtsein der Menschen in Afrika und
Asien sich oft auf kleinste Verbände bezieht, führt dort zu immer neuen Ver-
selbständigungswünschen. Indonesien, Indien, der Kongo und auch einige
andere afrikanische Staaten bieten Beispiele dafür, daß die von Kolonialherrschaft frei gewordenen Neustaaten derartige Sezessionen z. T. energisch zu
verhindern suchen. Gerade zu diesen Vorgängen schweigt sich die sowjetische
Literatur betreffend gerechten Befreiungskrieg aus.

gegenüber Portugal in bezug auf Goa damit rechtfertigen wollte, daß er meinte, selbst wenn die Goanesen bei Portugal hätten bleiben wollen, so wäre dies genauso zu verurteilen, als wenn die Bevölkerung des Regierungsbezirks Köln sich für einen Anschluß an Holland entscheiden wollte. Was der Saarbevölkerung recht war, müßte allerdings doch wohl auch für Köln billig sein, und wenn es für Köln billig ist, warum nicht auch für Goa?[86]

Die völkerrechtliche Frage nach der Tragweite des Gewaltverbots ist, wie die bisherigen Ausführungen zeigen, selbst Gegenstand des kalten Krieges zwischen Ost und West,[87] und zugleich Gegenstand erheblicher Differenzen zwischen der alten Staatenwelt und der dritten Welt der Neustaaten geworden. Aber auch die psychologische Einstellung zu dem Prinzip als solchem ist offenbar in der heutigen Welt außerordentlich verschieden. In denjenigen Ländern, die unmittelbar an beiden Weltkriegen beteiligt waren, und hier vor allem wieder unter der Generation derjenigen, die den zweiten Weltkrieg noch selbst erlebt haben,

[86] Die Tatsache, daß das Selbstbestimmungsprinzip nur ganz selten ohne eine vorherige Ergänzung in den Details unmittelbar angewendet werden kann, ist für westliche Kritiker der sowjetischen Völkerrechtspolitik offenbar der Anlaß, um zu bestreiten, daß das Selbstbestimmungsrecht überhaupt ein anerkannter Satz des geltenden Völkerrechts sei, vgl. Ginsburg, a. a. O., S. 930. Damit würde sich der Westen von vornherein unmöglich machen, an andere Staaten die Forderung zu stellen, das Selbstbestimmungsrecht auch da zu verwirklichen, wo es nicht zugleich zur Beseitigung einer „Kolonial"herrschaft führt. Gerade für die westdeutschen Politiker, die das Selbstbestimmungsrecht, auf das sie sich in der Deutschland-Frage berufen, als etwas Allgemeingültiges und Unproblematisches betrachten, wäre es indes nützlich, sich mit den Auffassungen vertraut zu machen, die auch gerade in anderen „westlichen" Ländern über die Bedeutung des Selbstbestimmungsrechts im gegenwärtigen Völkerrecht vertreten werden, vgl. etwa Emerson, Proc. Am. Soc. Int. L. 1966, 135 ff.: Der Harvard-Professor resigniert einerseits vor der nach seiner Meinung durch den kalten Krieg verursachten Teilung solcher Staaten, die unzweifelhaft von einer einzigen Nation bewohnt sind — dazu rechnet er auch, anders als die offizielle amerikanische Meinung (vgl. oben Anm. 50) Vietnam! —; andererseits meint er, das Selbstbestimmungsprinzip werde seine Rolle nach der Liquidierung der bestehenden Kolonialherrschaften — gemeint sind indes nur die überseeischen Kolonien europäischer Staaten — ausgespielt haben. Damit stellt er sich im Effekt auf denselben Standpunkt wie die Vorschläge aus dem Kreis der Sowjetländer im 1966er Ausschuß, vgl. oben Anm. 58.

[87] Eine berechtigte Kritik an der Haltung der Vertreter westlicher Staaten auf der Mexiko-Konferenz des 1964er Ausschusses (vgl. oben Anm. 4) übt McWhinney, 60 Am. J. Int. L. (1966) 29 ff. Er tadelt vor allem, daß der Westen sich gegenüber den Vorschlägen der Sowjets auf eine Verzögerungstaktik beschränkt hat, anstatt Gegenvorschläge vorzulegen.

ist heute offensichtlich die Überzeugung vorhanden, daß der mit modernen technischen Zerstörungsmitteln geführte Krieg ein *unrationelles* Mittel zur Durchsetzung irgendwelcher menschlicher Interessen gegenüber anderen Menschen ist, und daß im allgemeinen kein durch die widerstrebenden Interessen anderer verursachtes Übel so intensiv sein kann, daß es sich lohnt, dafür das Übel eines Krieges zu riskieren. Diese Überzeugung beherrscht derzeit auch die Regierungen der mit Atomwaffen versehenen Weltmächte im Verhältnis unter sich; für die großen Weltmächte tritt aber auch die Versuchung, einen schwachen Staat mit widerstrebenden Interessen durch ihre Überlegenheit in einem schnellen Kriege zu etwas zu zwingen, durchweg zurück angesichts dessen, daß solchen Staaten gegenüber die Großmächte über andere (sogenannte friedliche) Druckmittel verfügen.

Die Erwägung, daß der moderne Krieg als Mittel zur Erreichung eines politischen Zieles ein *unrationelles* Mittel ist, überzeugt indes solche Menschen nicht, die Politik aus Emotionen heraus betreiben.[88] Sie zieht auch nicht bei denjenigen, die der Überzeugung sind, selbst etwaige eigene Verluste im Atomkrieg würden den „Endsieg" lohnen, insbesondere wenn sie das Kräfteverhältnis falsch einschätzen. Schließlich ist das Argument wirkungslos bei solchen, die die Folgen des modernen Krieges zu gering einschätzen, weil sie ihn nie selbst erlebt haben. Wenn die Schöpfer der Charta der Vereinten Nationen von der Prämisse ausgingen, in den Organen der UN würde sich stets eine Mehrheit von rationell denkenden Staatsmännern zusammenfinden, welche jede quantitativ oder qualitativ als kriegerisch zu qualifizierende Gewaltanwendung durch die militärische Übermacht ihrer Staaten im Keime ersticken würde, so kann diese Prämisse heute schon hinfällig werden, wenn in den UN-Organen das emotionale Element die Oberhand gewinnen sollte.[89] Die *derzeit* noch beste-

---

[88] Über die Frage, wie das Gewaltverbot als Forderung der praktischen Vernunft zugleich als Völkerrechtssatz wirksam sein kann, vgl. meinen demnächst erscheinenden Aufsatz über „Völkerrecht und Friedenssicherung" in den Hannoverschen Beiträgen zur Politischen Bildung, Bd. 4.

[89] Man kann als Anthropologe oder Psychologe zu dem Ergebnis kommen, daß für die große Menge der Menschen das Emotionale und das Irrationale eine größere Rolle spielten als die Vernunft. Es ist aber unwissenschaftlich zu behaupten, daß deshalb Gewaltanwendung „notwendig" oder „nützlich" sei, wie Nieburg, Journal of conflict resolution 7 (1960) 1 ff.

hende Bereitschaft vor allem der im Sicherheitsrat vertretenen
großen Atommächte, größere internationale Kriege auch zwischen
anderen Staaten zu verhindern, ist unter diesen Umständen eine
recht prekäre Sicherung des Verbotes der Gewaltanwendung.

Daß zwischen den Weltmächten selbst jene Randzone der Gewaltanwendung, in der man noch nicht von bewaffnetem Angriff
spricht,[90] sich in den letzten Jahren eher erweitert als verengert
hat, ist ebenfalls beunruhigend. Nicht ungefährlich sind aber
auch die Ansätze dazu, daß sich zwischen den mächtigen Staaten
ein stillschweigendes Einverständnis[91] darüber bilden könnte,
daß kriegerische Gewaltanwendung unter Voraussetzung des
Einsatzes *beschränkter Kriegsmittel* ein nicht von vornherein
unrationelles Spiel darstellen kann. Daß dabei jeder Spieler von
der Prämisse ausgeht, das Spiel werde sich gerade für ihn selbst
lohnen, gehört zu den bekannten unausrottbaren Irrtümern, die
nun einmal bei Menschen anzutreffen sind. Es mag hinzukommen,
daß der eine oder der andere dieser Spieler sogar den geheimen
Vorbehalt hat, gegebenenfalls einseitig zu anderen Kriegsmitteln
überzugehen, wenn das Spiel mit den beschränkten Mitteln sich
für ihn nicht lohnt. Überdies hat der Anspruch der politischen
Führung eines Staates, die militärischen Aktionen in Schranken
zu halten, selbst gewisse natürliche Grenzen, wenn gerade die
kämpfende Truppe ihre eigenen Überlebenschancen durch solche
politisch motivierten Beschränkungen der Kriegführung — zu

[90] Vgl. S. 11.

[91] Hagemann, Der provisorische Frieden, 1964, spricht von einem „modus
vivendi" zwischen den Weltmächten, zu dessen Inhalt die allerverschiedensten
Dinge gehören sollen, und zwar nicht nur das prinzipielle Festhalten an dem
„absoluten" (besitzstandschützenden) Kriegsverbot, sondern auch die Duldung
von Bürgerkriegen und sogar anderen begrenzten und kontrollierten Kriegen.
Wenn auch Hagemann nicht so weit geht wie Mahnke, a. a. O. (der von
einem *Rechts*grundsatz des Gleichgewichts zwischen den Weltmächten spricht),
so wird doch der normative Charakter des „Einverständnisses" zwischen den
Weltmächten meines Erachtens auch durch Hagemann überschätzt. Es handelt
sich bisher weder um einen völkerrechtlichen Vertrag, ja noch nicht einmal
um eine Absprache über Verhaltensabsichten, sondern um ein faktisches
Gleichgewicht der Machtentfaltung, welches durch die (richtigen oder vielleicht falschen) Einsichten in die derzeitigen Grenzen der tatsächlichen Macht
hergestellt worden ist.

Recht oder zu Unrecht — gefährdet sieht.[92] Ob man wünschen soll, daß die Versuche zur Abschaffung der Atomwaffen, wenn sie zu einer Vermehrung der „begrenzten" Kriege führen sollten, Erfolg haben, ist daher für eine rationale völkerrechtliche Friedenspolitik durchaus zweifelhaft.

Ein großer Teil der Staaten dieser Welt befindet sich sodann gegenwärtig in einer solchen gesellschaftlichen Verfassung, daß auch ein Ukas der Vereinten Nationen oder der Atommächte nicht genügt, um *Bürgerkriege* in solchen Staaten sofort im Keim zu ersticken. Auch das System der Militärdiktatur hat sich in diesen Ländern sicher nicht als ein geeignetes Mittel erwiesen, um dort die „Ruhe" zu erhalten. Oben wurde ausgeführt, daß die Antwort auf die Frage, wann eine Intervention Dritter in einen Bürgerkrieg ihrerseits verbotene Gewaltanwendung seitens des Intervenierenden darstellt, bewußt so gefaßt wird, daß sie keine klaren rechtlichen Konturen erkennen läßt. Um so bedenklicher ist es, daß die Interventionen gerade der Großmächte in Bürgerkriege der dritten Welt nicht bloß auf der juristischen Schwierigkeit ihrer Erfassung durch das Gewaltverbot, sondern ebenfalls vielleicht schon auf einer übereinstimmenden Bereitschaft beruhen, auch hier mit begrenzter Gewaltanwendung zu spielen. Daß jede der intervenierenden Mächte ihre eigene Intervention in der Propaganda als völkerrechtlich legitim, die der anderen als illegitim hinzustellen versucht, mag an der faktisch bestehenden gemeinsamen Bereitschaft zur Beteiligung an solchen eingedämmten Interventionsaktionen ebensowenig ändern wie der Umstand, daß man sich gelegentlich auf eine internationale Aktion zur Wiederherstellung der Ruhe in einem bestimmten Lande einigt. Besonders bedenklich ist aber auch die übereinstimmende Bereitwilligkeit, zur Rechtfertigung der Anwendung von Gewalt in anderen Staaten die Menschenrechte heranzuziehen, und bei der Verwirklichung der Menschenrechte aus durchsichtiger Opportunität mit zweierlei Maß zu messen.

---

[92] Scheuner (in: Bundeswehr und Recht, 1965, S. 47 ff.) setzt sich für den „politisch gesteuerten" begrenzten Krieg ein, obwohl dieser „sicherlich mit der deutschen Überlieferung" in Widerspruch stehe. Das Problem der Begrenzung des Quantums der kriegerischen Gewalt — das nicht mit der Aufstellung begrenzter Kriegsziele zu verwechseln ist — ist allerdings, soweit ich sehe, in der deutschen Kriegsgeschichte noch nicht aufgetaucht.

Die Tatsache, daß es zwischen Ost und West nach dem zweiten Weltkrieg noch nicht zu einem dritten Weltkrieg gekommen ist, mag — vielleicht mit mehr Recht als das westdeutsche Wirtschaftswunder — als ein Friedenswunder empfunden werden. Aber kann eine gute Völkerrechtspolitik darin bestehen, auf weitere Wunder zu hoffen? Wenn es für frühere Zeiten ein Gebot praktischer Vernunft gewesen sein mag zu sagen: Si vis pacem, para bellum, so scheint die Maxime der praktischen Vernunft gerade für die Kriegsgefahren in der heutigen Welt zu lauten: Si vis pacem, para justitiam. Diese justitia wäre nicht formell und nicht nur normativ zu verstehen, ohne daß sie deshalb aufhören müßte, auch von Juristen in juristische Denkformen gegossen zu werden. Sie bedeutet *nicht* die Beschaffung von Interventionsrechten durch Verträge oder nachträgliche Interpretation von Verträgen. Sie bedeutet auch nicht zu Propagandazwecken geführte Diskussionen über die Definition des Gewaltverbots. Sie umfaßt vielmehr die Erziehung der Menschen zu sinnvoller Arbeit, zu rationalem politischen Denken ebenso wie die Steuerung der Bevölkerungszahl durch entsprechende Vorkehrungen, jedenfalls in denjenigen Teilen der Erde, die hierfür überhaupt (bzw. überhaupt noch) zugänglich sind. Ob die hektische Betriebsamkeit dessen, was heute unter dem Namen Entwicklungshilfe vor sich geht, zu diesem Ziel hinführt, ist recht zweifelhaft. In diesem Sinne ist das Gewaltverbot der Charta und des Kelloggpaktes vor dem Hintergrund anderer Realitäten zu sehen als derjenigen, mit denen 1945 oder gar 1929 gerechnet wurde.

Wörterbuch des Völkerrechts

Begründet von Prof. KARL STRUPP. 2., völlig neubearbeitete Auflage. Neu herausgegeben von Prof. Dr. H. J. SCHLOCHAUER, Frankfurt a. M., unter Zusammenarbeit mit den Professoren Dr. HERBERT KRÜGER, Hamburg, Dr. HERMANN MOSLER, Heidelberg, Dr. ULRICH SCHEUNER, Bonn, in Verbindung mit der deutschen Gesellschaft für Völkerrecht.
Lexikon-Oktav. 3 Bände und 1 Registerband. Halbleder DM 620,—.
Wird nur komplett abgegeben.

I. Aachener Kongreß bis Hussar-Fall. XX, 800 Seiten. 1960.
II. Ibero-Amerikanismus bis Quirin-Fall. XV, 815 Seiten. 1961.
III. Rapallo-Vertrag bis Zypern. XII, 901 Seiten. 1962.
Registerband. IV, 141 Seiten. 1962.

Dem Herausgeber, Professor Dr. H. J. SCHLOCHAUER, wurde für das „Wörterbuch des Völkerrechts" von der American Society of International Law die Auszeichnung „Certificate of Merit for an most important work in the field of International Law" verliehen.

Zunächst verdient das Wörterbuch von Schlochauer Anerkennung wegen seiner umfassenden und erschöpfenden Anlage, mit der der Herausgeber sein Werk geplant hat. Es beschränkt sich daher nicht auf die traditionellen Materien des Völkerrechts, sondern erstreckt sich — wobei es Zustimmung finden wird — auf alle oder doch fast alle Fälle und Konfliktsituationen, die irgendeinen Widerhall im zwischenstaatlichen Leben gefunden haben. Da einige nur unter diesen nur unter Schwierigkeiten in den normalen Handbüchern des Völkerrechts zu finden sind, füllt das Wörterbuch damit eine bisher fühlbare Lücke.

Ein weiteres Charakteristikum ist die Bibliographie, die fast allen Stichwörtern beigegeben ist. Das dritte Charakteristikum des Wörterbuchs ist die reiche Vielzahl der Mitarbeiter, die sich an den verschiedenen Artikeln beteiligt haben. Auf diese Weise erreicht man eine Spezialisierung. Zusammenfassend ist dieses Werk als großartig und vollständig zu bezeichnen, als ein wahrhaftiges Denkmal der deutschen Rechtswissenschaft, die über so viele Professoren und andere befähigte Mitarbeiter verfügt, die alle in glänzender Weise zu diesem Gemeinschaftswerk beitragen.

Prof. J. A. de Obieta in „Estudias de Deusto Revista
de la Universidad de Deusto", Bilbao

Walter de Gruyter & Co · Berlin

Das Wesen der Repräsentation
und der Gestaltwandel der Demokratie im 20. Jahrhundert

Von Prof. Dr. Dr. GERHARD LEIBHOLZ. 3., um einen Vortrag erweiterte Auflage. Oktav. IV, 275 Seiten. 1966. Ganzleinen DM 38,—

Die allgemeinen Grundsätze des Völkerrechts
über Eigentumsentziehung

Eine Untersuchung zu Art. 1 des Zusatzprotokolls zur europäischen Menschenrechtskonvention von Dr. KARL-HEINZ BÖCKSTIEGEL. XXIV, 158 Seiten. 1963. DM 21,—

(Neue Kölner Rechtswissenschaftliche Abhandlungen, Band 27)

Zwischen Demokratie und Diktatur

Verfassungspolitik und Reichsreform in der Weimarer Republik.
Von GERHARD SCHULZ. 2 Bände.

I. Die Periode der Konsolidierung und der Revision des Bismarckschen Reichsaufbaus (1918—1930).
Groß-Oktav. XIV, 678 Seiten. 1963. Ganzleinen DM 56,—
II. Von der restaurativen zur totalitären Diktatur (1930—1933).
In Vorbereitung.

Historische Theorie und Geschichtsforschung der Gegenwart

Herausgegeben von RICHARD DIETRICH. Oktav. VIII, 149 Seiten. 1964. DM 9,80

Das Gleichheitsprinzip
als politisches und ökonomisches Problem

Von Prof. Dr. IVAR SUNDBOM. Oktav. 103 Seiten. 1962. Ganzleinen DM 14,—

Polec

Dictionary of politics and economics/Dictionnaire de politique et d'économie/Lexikon für Politik und Wirtschaft
Von HARRY BACK, HORST CIRULLIES und GÜNTER MARQUARD. 2., verbesserte und erweiterte Auflage. Oktav. XVI, 1037 Seiten. Mit 40 grafischen Übersichten. 1967. Kunststoff DM 48,—

Walter de Gruyter & Co · Berlin

Veröffentlichungen der
Vereinigung der Deutschen Staatsrechtslehrer

Zuletzt erschienen:

16. **Parlament und Regierung im modernen Staat. Die Organisationsgewalt**
Berichte von ERNST FRIESENHAHN, KARL JOSEF PARTSCH, ARNOLD KÖTT-
GEN, FELIX ERMACORA. Verh. der Tagung der Deutschen Staatsrechts-
lehrer zu Berlin am 10. und 11. Oktober 1957. 283 Seiten. 1958.
DM 36,—

17. **Die verfassungsrechtliche Stellung der politischen Parteien im modernen
Staat. Das Verwaltungsverfahren**
Berichte von KONRAD HESSE, GUSTAV E. KAFKA, KARL AUGUST BETTER-
MANN, ERWIN MELICHAR. Verh. der Tagung der Deutschen Staatsrechts-
lehrer zu Wien am 9. und 10. Oktober 1958. 255 Seiten. 1959.
DM 24,—

18. **Das Grundgesetz und die öffentliche Gewalt internationaler Staaten-
gemeinschaften. Der Plan als verwaltungsrechtliches Institut**
Berichte von GEORG ERLER, WERNER THIEME, MAX IMBODEN, KLAUS
OBERMAYER. Verh. der Tagung der Deutschen Staatsrechtslehrer zu
Erlangen vom 8. und 9. Oktober 1959. 225 Seiten. 1960. DM 21,50

19. **Verträge zwischen Gliedstaaten im Bundesstaat. Schranken nichthoheit-
licher Verwaltung**
Berichte von HANS SCHNEIDER, WILFRIED SCHAUMANN, WALTER MALL-
MANN, KARL ZEIDLER. Verh. der Tagung der Deutschen Staatsrechts-
lehrer zu Köln vom 12. bis 15. Oktober 1960. IV, 291 Seiten. 1961.
DM 30,—

20. **Prinzipien der Verfassungsinterpretation. Gefährdungshaftung im
öffentlichen Recht**
Berichte von PETER SCHNEIDER, HORST EHMKE, GÜNTHER JAENICKE,
WALTER LEISNER. Verh. der Tagung der Deutschen Staatsrechtslehrer
zu Freiburg vom 4. bis 7. Oktober 1961. IV, 288 Seiten. 1963. DM 36,—

21. **Föderalismus als nationales und internationales Ordnungsprinzip.
Die Öffentliche Sache**
Berichte von HARTWIG BÜLCK, PETER LERCHE, WERNER WEBER, KLAUS
STERN. Verh. der Tagung der Deutschen Staatsrechtslehrer zu Münster
(Westf.) vom 3. bis 6. Oktober 1962. IV, 279 Seiten. 1964. DM 35,—

22. **Pressefreiheit. Staatsaufsicht in Verwaltung und Wirtschaft**
Berichte von ULRICH SCHEUNER, ROMAN SCHNUR, JÜRGEN SALZWEDEL,
MARTIN BULLINGER. Verh. der Tagung der Deutschen Staatsrechtslehrer
zu Saarbrücken vom 9. bis 12. Oktober 1963. IV, 384 Seiten. 1965.
DM 48,—

23. **Bewahrung und Veränderung demokratischer und rechtsstaatlicher
Verfassungsstruktur in den internationalen Gemeinschaften.
Verwaltung und Schule**
Berichte von JOSEPH H. KAISER, PETER BADURA, HANS-ULRICH EVERS,
ERNST-WERNER FUSS. Verh. der Tagung der Deutschen Staatsrechts-
lehrer zu Kiel vom 9. bis 12. Oktober 1964. IV, 299 Seiten. 1966.
DM 42,—

24. **Staat und Verbände. Gesetzgeber und Verwaltung**
Berichte von GERHARD LEIBHOLZ, GÜNTHER WINKLER, KLAUS VOGEL,
ROMAN HERZOG. Verh. der Tagung der Deutschen Staatsrechtslehrer zu
Würzburg vom 6. bis 9. Oktober 1965. 265 Seiten. 1966. DM 40,—

Walter de Gruyter & Co · Berlin

www.ingramcontent.com/pod-product-compliance
Lightning Source LLC
Chambersburg PA
CBHW050654190326
41458CB00008B/2556